Découvrez des Jeux Gratuits en Ligne

Disponible Ici :

BestActivityBooks.com/FREEGAMES

5 ASTUCES POUR DÉMARRER !

1) COMMENT RÉSOUDRE LES MOTS MÊLÉS

Les puzzles sont dans un format classique :

- Les mots sont cachés sans espaces, tirets, ...
- Orientation : Les mots peuvent être écrits en avant, en arrière, vers le haut, vers le bas ou en diagonale (ils peuvent être inversés).
- Les mots peuvent se chevaucher ou se croiser.

2) UN APPRENTISSAGE ACTIF

Un espace est prévu à côté de chaque mots pour noter la traduction. Pour favoriser un apprentissage actif un **DICTIONNAIRE** à la fin de cette édition vous permettra de vérifier et étendre vos connaissances. Cherchez et notez les traductions, trouvez-les dans le Puzzle et ajoutez-les à votre vocabulaire !

3) MARQUEZ LES MOTS

Vous pouvez inventer votre propre système de marquage. Peut-être en utilisez-vous déjà un ? Sinon, vous pourriez, par exemple, marquer les mots qui ont été difficiles à trouver d'une croix, ceux que vous avez aimés d'une étoile, les mots nouveaux d'un triangle, les mots rares d'un diamant, etc...

4) STRUCTUREZ VOTRE APPRENTISSAGE

Cette édition vous offre un **CARNET DE NOTES** très pratique à la fin du livre. En vacances ou en voyage ou à la maison, vous pouvez facilement organiser vos nouvelles connaissances sans avoir besoin d'un second bloc-notes !

5) VOUS AVEZ FINI TOUTES LES GRILLES ?

Allez à la section bonus **CHALLENGE FINAL** pour trouver un jeu gratuit à la fin de cette édition !

Simple et Rapide ! Découvrez notre collection de livres d'activités pour votre prochain moment de détente et **d'apprentissage**, à juste un clic de distance !

Trouvez votre prochain défi sur :

BestActivityBooks.com/MonProchainLivre

À vos marques, prêts... Partez !

Saviez-vous qu'il existe environ 7 000 langues différentes dans le monde ? Les mots sont précieux.

Nous aimons les langues et avons travaillé dur pour créer les livres de la plus haute qualité pour vous. Nos ingrédients ?

Une sélection des thématiques d'apprentissage adaptée, trois belles parts de divertissement, puis nous ajoutons une cuillère de mots difficiles et une pincée de mots rares. Nous les servons avec soin et un maximum de plaisir pour vous permettre de résoudre les meilleurs jeux de mots mêlés qui soient et d'apprendre en vous amusant !

Votre avis est essentiel. Vous pouvez participer activement au succès de ce livre en nous laissant un commentaire. Nous aimerions vraiment savoir ce que vous avez préféré dans cette édition !

Voici un lien rapide qui vous mènera à la page d'évaluation de vos commandes :

BestBooksActivity.com/Avis50

Merci pour votre aide et amusez-vous bien !

De la part de toute l'équipe

1 - Adjectifs #2

```
C Q I A S P R V G C P P T N
S E D N O P S E R V O R F A
C A N A T N E L A T T O S T
Y E N O M E Q E M K E D E U
V R J A V H R F A G N U K R
W K J A L A S E F Y C K A A
A Ŭ T E N T A L S W A T G T
P R I S K R I B A A T I D N
F F C O B V W E R Ĝ R V R A
X G G D N C I O U A O A A G
W V R F I E R A P V F M M E
B B H X F G N S O O K H A L
Q J J T S H X H T S W E N E
T F U H V P U D A B I R W H
```

AŬTENTA   NATURA
FAMA   NOVA
KREA   PRODUKTIVA
PRISKRIBA   POTENCA
TALENTA   PURA
DRAMAN   RESPONDE
ELEGANTA   SANA
FIERA   SALAJ
FORTA   SOVAĜA
INTERESA   SEKA

2 - Formes

```
F  F  T  R  I  A  N  G  U  L  O  D  I  P
O  L  U  G  N  A  T  C  E  R  L  P  N  I
J  A  L  A  V  O  R  D  N  I  L  I  C  R
U  N  A  N  G  U  L  O  C  K  G  E  M  A
E  K  R  A  N  D  O  J  D  I  S  I  H  M
H  O  T  A  R  D  A  V  K  P  R  T  K  I
Q  I  L  I  N  I  O  N  P  O  Y  K  W  D
A  R  P  S  F  E  R  O  R  L  V  X  L  O
M  P  L  E  Y  H  V  B  I  I  R  G  O  O
M  P  L  I  R  M  S  R  S  G  K  J  O  S
C  A  R  K  O  B  N  U  M  O  U  A  O  P
K  O  N  U  S  O  O  K  O  N  B  U  L  I
L  S  D  I  P  L  M  L  I  O  O  I  U  L
M  T  Z  U  Z  D  O  S  O  G  M  G  E  E
```

ARKO	ELIPSO
RANDOJ	HIPERBOLO
KVADRATO	LINIO
CIRKLO	OVALA
ANGULO	POLIGONO
KURBO	PRISMO
KONUSO	PIRAMIDO
FLANKO	RECTANGULO
KUBO	SFERO
CILINDRO	TRIANGULO

3 - Force et Gravité

```
P  J  H  B  F  P  L  A  N  E  D  O  J  V
A  R  O  M  S  I  T  E  N  G  A  M  S  F
D  O  O  V  O  M  Z  C  E  N  T  R  O  L
T  C  K  P  J  C  A  I  G  N  E  C  T  Z
Z  N  I  O  R  I  G  D  K  P  R  E  M  O
E  A  F  Z  N  A  N  Z  U  O  K  X  Q  D
X  T  E  V  I  K  Ĵ  R  A  P  I  D  O  I
P  S  E  R  A  T  S  O  D  A  T  O  R  F
A  I  K  M  M  O  M  E  J  O  R  V  P  M
N  D  W  D  P  Y  I  B  K  R  A  O  D  I
S  U  D  S  D  O  Z  W  P  B  K  K  E  F
O  K  I  N  A  K  E  M  Y  I  S  L  H  F
O  T  B  K  G  P  E  Z  O  T  O  E  T  E
D  I  N  A  M  I  K  A  G  O  U  Y  F  X
```

AKSO	MOVO
CENTRO	ORBITO
ELKOVO	FIZIKO
DISTANCO	PLANEDOJ
DINAMIKA	PEZO
EXPANSO	PREMO
FROTADO	PROPRAĴOJ
EFIKO	TEMPO
MAGNETISMO	RAPIDO
MEKANIKO	

4 - Adjectifs #1

```
A  T  R  A  U  R  A  E  M  A  B  R  G  P
T  L  G  J  U  L  M  K  A  K  E  Z  R  E
N  M  L  E  M  G  B  Z  L  T  L  C  A  R
E  E  V  O  U  F  I  O  D  I  A  E  N  F
D  R  S  T  G  K  C  T  I  V  O  F  D  E
I  G  L  S  M  A  I  A  K  A  C  Y  E  K
K  T  R  E  A  R  A  V  A  L  A  M  G  T
P  G  U  N  A  B  S  O  L  U  T  A  A  A
W  G  P  O  S  E  N  K  U  L  P  A  G  W
E  P  Y  H  E  O  E  K  G  O  U  O  B  B
E  Q  I  T  W  H  A  T  I  B  B  N  B  X
P  E  Z  A  M  A  L  R  A  P  I  D  A  Q
X  C  R  H  J  U  N  A  A  R  O  M  A  J
G  R  A  V  A  N  R  E  D  O  M  X  O  C
```

ABSOLUTA	HONESTO
AKTIVA	IDENTA
AMBICIA	GRAVA
AROMAJ	SENKULPA
ARTA	JUNA
ALLOGA	MALRAPIDA
BELA	PEZA
EKZOTA	MALDIKA
GRANDEGA	MODERNA
MALAVARA	PERFEKTA

5 - Herboristerie

```
S  L  X  Ĝ  L  A  V  E  N  D  O  G  P  M
A  V  K  J  A  M  O  R  A  D  R  U  E  A
F  B  E  B  L  R  A  B  U  L  O  S  T  R
R  B  X  X  I  M  D  M  O  U  L  T  R  Ĝ
A  M  A  H  T  Y  R  E  C  V  F  O  O  O
N  N  E  Z  U  D  E  Q  N  N  K  O  S  R
O  F  Q  N  I  I  V  O  E  O  U  L  E  O
T  J  T  R  T  L  S  O  I  G  L  J  L  M
I  A  A  A  X  O  O  E  D  A  I  D  O  O
L  C  P  J  G  X  A  P  E  R  N  S  B  B
A  T  M  L  M  Y  D  L  R  R  A  J  L  P
V  P  K  O  C  M  F  C  G  A  R  G  Y  Y
K  F  E  N  K  O  L  O  N  T  A  F  D  M
R  O  M  E  R  O  N  A  I  M  I  T  M  J
```

AJLO	LAVENDO
AROMAJ	MARĜOROMO
BAZILO	MENTO
UTILA	PETROSELO
KULINARA	KVALITO
TARRAGON	ROMERO
FENKOLO	SAFRANO
FLORO	GUSTO
INGREDIENCO	TIMIANO
ĜARDENO	VERDA

6 - Véhicules

```
P H K A M I O N O Q L Q A T
N N E C H M M N W O Z D C Q
E A R L S K O T E R O U S V
Ŭ Y O P I Ŝ R A M B U S M T
O X T O L K I C I B F O E X
J M C K Q M O L I D A I V A
T D A H Z E Y P J N L O G M
F P R R K T R A T B U S O O
C B T G P R B K K E P M S T
A C T V X O I O M I R P O O
F K A Q D O T Ŭ A R C O L R
R A K E T O F M A T R B F O
A M B U L A N C O G O U T K
K A R A V A N O I S K A T L
```

AMBULANCO   MOTORO
AVIADILO   PRAMO
BOATO   PNEŬOJ
BUSO   FLOSO
KAMIONO   SKOTERO
KARAVANO   SUBMARŜIPO
PRIMO   TAKSIO
RAKETO   TRACTOR
HELIKOPTERO   BICIKLO
METROO   AŬTO

7 - Camping

```
Q U Q B N A N D Q N X L A J
L W Y B N R N A T U R O C V
A L U N O B U D X F X X Q U
H V I O P A M N A H K K A P
J A E R N R O T K E S N I H
Ŝ J M N O O N R E T N A L F
E N E A T J T B E S T O J A
D Ĉ U Q K U O K A B A N O J
L A Z R E O R T V S R K P R
K S J U O X M O L E P A Ĉ O
A A T E N D O E K I P A Ĵ O
N D D Q H Q L A G O X Z Q M
U O S A P M O K L D D O A M
O G T V G K J Y D L W C H I
```

BESTOJ	FAJRO
AVENTURO	ARBARO
KOMPASO	HAMAKO
KABANO	INSEKTO
KANUO	LAGO
MAPO	LANTERNO
ĈAPELO	LUNO
ĈASADO	MONTO
ŜNURO	NATURO
EKIPAĴO	TENDO

8 - Écologie

```
D  I  V  E  R  S  E  C  O  R  U  T  A  N
R  I  M  E  D  O  J  J  V  Z  Q  X  P  I
K  O  M  U  N  U  M  O  J  H  W  G  V  U
M  A  R  Ĉ  O  K  S  T  O  O  N  Ŭ  A  F
A  R  R  N  Y  N  U  A  L  C  T  C  F  J
N  A  F  O  E  H  P  T  U  E  A  N  J  W
K  M  B  T  L  E  E  I  T  K  N  S  O  X
T  L  N  N  K  F  R  B  N  E  A  P  T  M
C  U  I  Y  F  G  V  A  O  S  T  E  N  V
Z  C  A  M  Z  W  I  H  L  X  U  C  A  A
M  S  D  G  A  F  V  O  O  C  R  I  L  R
E  J  Z  W  W  T  O  W  V  W  A  O  P  I
Y  H  K  P  T  P  O  X  T  A  Z  Y  Q  O
D  A  Ŭ  R  I  G  E  B  L  A  B  P  B  C
```

VOLONTULOJ   MARA
KLIMATO   MONTOJ
KOMUNUMOJ   NATURO
DIVERSECO   NATURA
DAŬRIGEBLA   PLANTOJ
SPECIO   RIMEDOJ
FAŬNO   SEKECO
FLORA   SUPERVIVO
HABITATO   VARIO
MARĈO

9 - Géométrie

```
A L A K I T R E V D P D A X
W V P A Z E C H Z I A I K U
I O T L A O S A M A R M U O
S L I M S R B Q F M A E R X
S U H B Z I A W K E L N B G
E G R Q S O G Q B T E S O Q
G N M F X E J E S R L I W K
M A E T A M T K K O O O I J
E I D U C C B V N U M E R O
N R I H I W O A A N G U L O
T T A D R O I C R O P O R P
O Y N M K W O I R T E M I S
Y A O O L K W O K I G O L E
F D Z J O L U K L A K V Z L
```

ANGULO	MEDIANO
KALKULO	NUMERO
CIRKLO	PARALELO
KURBO	PROPORCIO
DIAMETRO	SEGMENTO
DIMENSIO	SURFACO
EKVACIO	SIMETRIO
ALTO	TEORIO
LOGIKO	TRIANGULO
MASO	VERTIKALA

10 - Les Médias

```
E V Y S Z O R S U K R F I P
L P A I O U H K D O A A N U
D K G N K D Q V X M D K T B
O O N T U I A X I E I T E L
N M V E D V Z C I R O O L I
O U T N E I K C N C P J E K
A N E O L D R D D A X T K O
Y I L J X N G D U E N T T L
O K E O L I V K S Y S I A S
P O V T B O L Q T Q P Y F J
I G I E F V K G R F O T O J
N I D Z P H W A I R E T O O
I Z O A X E A B O R E T E Y
O W E G D I G I T A L O G N
```

SINTENOJ	INTELEKTA
KOMERCA	GAZETOJ
KOMUNIKO	LOKA
RETE	DIGITALO
ELDONO	OPINIO
EDUKO	FOTOJ
FAKTOJ	PUBLIKO
FINANCADO	RADIO
INDIVIDUO	RETO
INDUSTRIO	TELEVIDO

11 - Philanthropie

```
H  I  S  T  O  R  I  O  P  J  U  E  N  T
M  A  L  A  V  A  R  E  C  O  A  X  S  U
K  O  N  T  A  K  T  O  J  D  J  V  V  T
H  N  J  O  D  A  R  A  F  N  O  B  H  M
I  O  I  L  O  C  M  V  Z  U  M  K  O  O
C  Q  M  D  A  G  Q  I  R  F  A  O  M  N
U  K  S  O  C  T  O  K  S  X  R  M  A  D
J  S  D  N  J  Z  C  U  B  I  G  U  R  A
O  U  I  N  F  A  N  O  J  Z  O  N  O  C
P  N  N  G  J  G  A  D  S  D  R  U  H  E
U  F  B  U  D  Y  N  R  Z  E  P  M  H  L
R  F  I  F  L  B  I  E  H  V  P  O  Z  O
G  Q  Y  K  C  O  F  G  M  A  B  O  R  J
H  M  Q  Y  O  O  C  E  T  S  E  N  O  H
```

DEVAS	MALAVARECO
CELOJ	TUTMONDA
BONFARADO	GRUPOJ
KOMUNUMO	HISTORIO
KONTAKTOJ	HONESTECO
INFANOJ	HOMARO
FINANCO	JUNULO
FUNDOJ	MISIO
HOMOJ	PROGRAMOJ

12 - Diplomatie

```
S E K U R E C O W N E P B D
L A V C A M B A S A D O R O
O C E R G E T N I P W W A V
T K O N S I L A N T O R M L
K D I J D L J R H S R E B O
I I S T X X T X U K E Z A S
L P U E R X E M U G O S P
F L V W L J B G A N I L A O
N O C E T S U J N L S U D L
O M U N U M O K I A T C O I
K A D M E R F W T B A I U T
O T U K S I D A A O R O R I
Z I W I Y W T C R R O Y A K
G A Q V K B U N O O K C N O
```

AMBASADO

AMBASADORO

KOMUNUMO

KONFLIKTO

KONSILANTO

KUNLABORO

DIPLOMATIA

DISKUTO

ETIKO

FREMDA

REGISTARO

HUMANITARO

INTEGRECO

JUSTECO

POLITIKO

REZOLUCIO

SEKURECO

SOLVO

13 - Électricité

```
B O I V P D R A T O J R L C
U T B N N O D A K O T S A S
L S A W G I Z N J T J R S N
B I T Q F O O I V E Y Y E J
O R E M A Q E L T R P S R E
T T R D C O Ĵ A P I K E O L
T K I M A G N E T O V S N E
L E O N E G A T I V O A E K
A L L G E N E R A T O R O T
M E B E C E L O J D T H E R
P H A M F C U Y Q M N O V O
O U K L D O V U U V A V V Q
B V O L S Q N H Z K V H V C
W I D M B L J O L M K F S K
```

MAGNETO   LASERO
BULBO   NEGATIVO
BATERIO   CELOJ
KABLO   POZITIVA
ELEKTRISTO   INGO
ELEKTRO   KVANTO
EKIPAĴO   RETO
DRATOJ   STOKADO
GENERATORO   TELEFONO
LAMPO

14 - Astronomie

```
K O N S T E L A C I O J E A
Ĉ B R S U P E R N O V A O S
P I T E U O R J U K E L D T
M S E X T X X R R O I M A E
W B O L A R N I W S W K I R
O M O N O R T S A M N C D O
E K V I N O K S O O L S A I
T Z D X O N E B U L A U R D
O B S E R V A T O R I O N O
L E R P O E K L I P S O R O
Z L O F E C S Y R A K E T O
R U S O T Ŭ A N O R T S A I
S U N A E P L A N E D O F P
R M P P M G A L A K S I O K
```

ASTEROIDO
ASTRONAŬTO
ASTRONOMO
ĈIELO
KONSTELACIO
KOSMO
EKLIPSO
EKVINOKSO
RAKETO
GALAKSIO

LUNO
METEORO
NEBULA
OBSERVATORIO
PLANEDO
RADIADO
SUNA
SUPERNOVAO
TERO

15 - Physique

```
X M O C N E V K E R F U M U
Z N S R C L K E M I K O O N
X N C A L E G A Z O X K L I
H G P P F K C K X S Q N E V
A K A I D T M A S O J U K E
M T E D D R B Y A A E O U R
E F O O I O P L C K W U L S
K O B M F N A E L K U N O A
A R X A O O R M O T O R O L
N M V P L O T I V A R G V A
I U O C E V I T A L E R M R
K L P M C S K N P I J F U U
O O M Z K O L A R F N P L Z
G K N P A X O S N E D O O I
```

AKCELO
ATOMO
KAOSO
KEMIKO
DENSO
ELEKTRONO
FORMULO
FREKVENCO
GAZO
GRAVITO

MASO
MEKANIKO
MOLEKULO
MOTORO
NUKLEA
PARTIKLO
RELATIVECO
UNIVERSALA
RAPIDO

16 - Types de Cheveux

```
G B Y S M A A G N O L G B B
R U O U A U R R R M C D D R
I K S Z L G G S Ĝ I X J I I
Z L S C D K I K A E H W K L
A A N C I P N D K N N E A A
B I O N K L Z Y E Y A T J D
E R E G A E W M S D V N O I
T H U Y H K M O L A L W L D
T L B N U T H V Z H A X K E
T D J W A A B L A N K A U D
V C V T M Ĵ B L O N D A B I
R H U R W O M A L L O N G A
V P O Y B J A R O L O K W R
S T U M U T R F W Q S T F B
```

ARĜENTO   BUKLA
BLANKA   GRIZA
BLONDA   LONGA
BUKLOJ   BRUNA
BRILA   MALDIKA
KALVA   NIGRA
KOLORAJ   SANA
MALLONGA   SEKA
MOLA   PLEKTAĴOJ
DIKA   BRAIDED

17 - Archéologie

```
I  N  J  B  T  K  U  H  T  N  B  X  W  E
B  G  X  U  K  O  L  I  S  O  F  S  Q  A
E  S  P  L  O  R  I  S  T  O  B  M  O  T
D  Y  F  F  K  O  P  U  Y  H  M  M  E  D
F  K  O  R  O  S  R  O  R  E  T  S  I  M
A  C  R  A  P  E  E  Z  S  O  S  T  O  J
G  A  G  G  E  F  S  I  S  T  E  H  A  O
I  N  E  M  T  O  T  L  P  T  E  X  G  R
T  A  S  E  E  R  A  I  E  E  Q  U  S  A
A  L  I  N  M  P  Ĵ  V  R  A  D  R  L  J
K  I  T  T  P  Q  A  I  T  M  O  C  L  O
S  Z  A  O  L  R  X  C  A  O  H  P  E  L
O  O  T  J  O  N  E  K  O  N  A  T  A  E
Q  L  N  E  E  Q  U  X  Q  E  Z  W  Q  C
```

ANALIZO	FRAGMENTOJ
JAROJ	NEKONATA
ESPLORISTO	MISTERO
CIVILIZO	CELOJ
POSTEULO	OSTOJ
SPERTA	FORGESITA
EPOKO	PROFESORO
TEAMO	RESTAĴA
TAKSO	TEMPLO
FOSILO	TOMBO

18 - Mammifères

```
Ĝ  D  K  G  O  R  I  L  O  R  B  E  Z  V
B  I  H  A  L  Y  H  G  D  U  V  H  O  I
Y  J  R  E  T  U  R  T  D  P  P  L  B  R
I  E  Ĉ  A  D  O  P  L  U  V  Z  Q  A  B
P  C  E  T  F  O  N  E  F  L  E  D  L  O
J  Q  V  D  K  O  Y  O  M  O  Ŝ  M  E  V
H  S  A  N  U  P  S  U  E  U  A  O  N  O
U  I  L  M  N  U  R  R  Y  L  F  J  O  S
N  M  O  B  I  L  U  U  K  N  O  K  T  R
D  I  U  M  K  T  I  G  R  O  T  T  O  U
O  O  B  S  L  P  P  N  C  T  H  T  J  T
O  G  X  W  O  T  N  A  F  E  L  E  O  A
K  Y  W  I  U  Q  O  K  V  I  C  G  K  L
D  W  O  V  G  K  X  C  I  S  G  X  T  P
```

BALENO	KUNIKLO
KATO	LEONO
ĈEVALO	LUPO
HUNDO	ŜAFO
KOJOTO	URSO
DELFENO	VULPO
ELEFANTO	SIMIO
ĜIRAFO	VIRBOVO
GORILO	TIGRO
KANGURUO	ZEBRO

19 - Chocolat

```
S R A I F J H I K J S O W P
J E W M V Y Y Y N A U C I L
K C O S A C A U Q T K N G U
A E J O I R O L A K E E E R
R P O T I L A V K V R I N R
A T O Z K E Q V N T O D T D
M O T S U G Y J R H J E H M
E C J Q U J O D I K A R A O
L J R I T J R A X J T G T S
O K A N T I O X I D A N T O
X A Ĉ N K D V M T S T I T K
D K L P O G L Y O S A P C O
Y A O B B B U Z C R Ŝ U J K
P O D J H I P M Z A A A C Q
```

AMARA
ANTIOXIDANTO
AROMO
ARAKIDOJ
KAKAO
KALORIOJ
KARAMELO
BONAJ
DOLĈA

EKZOTA
ŜATATA
GUSTO
INGREDIENCO
KOKOSO
PULVORO
KVALITO
RECEPTO
SUKERO

20 - Mathématiques

```
P E K U J Q O J W D D I R
P E K B M H O N O G I L O P
F A R S S W O L E L A R A P
R V R I P O I R T E M I S A
A O V A M O M U S R E E F R
K L Q H L E N D E V T K J I
C U Z V E E T E M D R V A T
I M P T Q X L R N O O A N M
O O F K A E S O O T Y C G E
K V A D R A T O G K O I U T
T R I A N G U L O R J O L I
R E C T A N G U L O A N O K
D E C I M A L A Y O A M J O
P E R P E N D I K U L A O T
```

ANGULOJ   PARALELOGRAMO
ARITMETIKO   PERPENDIKULA
KVADRATO   PERIMETRO
DECIMALA   POLIGONO
DIAMETRO   RECTANGULO
EKSPONENTO   SUMO
EKVACIO   SIMETRIO
FRAKCIO   TRIANGULO
PARALELO   VOLUMO

21 - Mythologie

```
K  R  E  D  O  J  K  N  X  B  Ĵ  G  G  F
R  X  G  L  M  C  Z  K  I  V  A  E  D  O
P  G  N  O  L  E  E  D  L  C  L  V  M  R
K  U  L  T  U  R  O  T  Z  C  U  E  I  T
J  O  D  N  F  Z  C  I  R  K  Z  N  L  O
K  H  A  I  G  A  M  A  W  O  O  Ĝ  I  P
Q  C  T  R  B  E  S  T  O  O  M  O  T  O
H  Z  R  I  K  Z  D  O  J  P  J  N  O  R
E  H  O  B  Z  X  Y  R  Q  I  Q  O  E  T
R  J  M  A  K  O  N  D  U  T  O  W  S  S
O  M  K  L  K  J  V  N  D  E  K  T  K  N
O  D  N  E  G  E  L  O  U  K  J  R  B  O
Q  O  I  C  B  P  M  T  F  R  V  F  E  M
C  B  C  O  F  O  R  T  S  A  T  A  K  O
```

ARKETIPO	HEROO
KATASTROFO	SENMORTECO
KONDUTO	ĴALUZO
KREO	LABIRINTO
BESTO	LEGENDO
KREDOJ	MAGIA
KULTURO	MONSTRO
FULMO	MORTA
FORTO	TONDRO
MILITO	VENĜO

22 - Restaurant #2

```
T  F  F  T  D  P  W  E  N  J  Q  M  W  N
R  I  O  A  E  O  T  K  U  R  F  I  V  T
I  Ŝ  R  G  V  Ĝ  J  R  L  A  E  H  C  O
N  O  K  M  B  N  P  H  R  M  K  G  P  A
K  W  O  A  U  A  O  E  X  J  F  V  V  G
A  B  V  N  M  M  S  P  E  C  O  J  O  L
Ĵ  O  S  Ĝ  S  R  G  Y  D  U  K  Y  R  A
O  N  A  O  X  E  F  Y  L  Z  U  K  E  C
R  A  L  P  A  P  Ĝ  F  Y  O  K  K  N  I
E  J  A  U  H  S  J  O  M  O  G  E  L  O
L  D  T  S  U  E  O  H  K  N  H  W  E  U
U  Z  O  X  Q  V  E  V  L  Q  O  M  K  Z
K  V  N  S  A  L  O  Y  O  D  S  W  W  F
A  Z  Q  Y  X  D  Y  Z  G  J  E  Z  D  U
```

TRINKAĴO	KUKO
SEĜO	GLACIO
KULERO	LEGOMOJ
TAGMANĜO	OVOJ
BONAJ	FIŜO
VESPERMANĜO	SALATO
AKVO	SALO
SPECOJ	KELNERO
FORKO	SUPO
FRUKTO	

23 - Beauté

```
K O N S I S T O W P B M G Q
T E L E G A N T E C O A L M
S T I L I S T O N B S S A Q
F O T O G É N I C O P C T I
T C D I W X Q H E V E A A N
X W C O M U F R A P G R E B
K O S M E T I K O J U A D U
W L T R G S R O R O L O K K
B I F A G R E M K T O U U L
I D B Ĉ H T A R A U T P C O
Q N F K Z Q C C V D X M G J
B O X D H S C V E O K A G J
B T S J H A M R G R J Ŝ V W
E L E G A N T A A P V Z W B
```

BUKLOJ	KONSISTO
ĈARMO	MASCARA
TONDILO	SPEGULO
KOSMETIKOJ	PARFUMO
KOLORO	FOTOGÉNICO
ELEGANTECO	PRODUTOJ
ELEGANTA	SERVOJ
GRACE	ŜAMPUO
GLATA	STILISTO

24 - Avions

```
P S A B A L O N O H A A H K
A U T X Z O M T X P Q E X O
S R M P I L O T O A D R B N
A T O H H E Z T K T L O F S
Ĝ E S I D I S K I P O T R T
E R F D I Ĉ S G A R L X O R
R I E R R B A T D T E S C U
O Ĝ R O E N G Y O L U Q E O
R O O G K A I R N R F O T V
O A P E T D L D E X I N L X
T A P N O W E P V D R O A K
O B U O J Z V V E X N V T R
M S B B W W Ŝ Q D H Y M P T
M A V E N T U R O S V P N I
```

AERO	DIREKTO
ALTECO	SKIPO
ATMOSFERO	ŜVELIGAS
SURTERIĜO	ALTO
AVENTURO	HISTORIO
BALONO	HIDROGENO
FUELO	MOTORO
ĈIELO	PASAĜERO
KONSTRUO	PILOTO
DEVENO	

25 - Aventure

```
S  J  S  A  R  E  Ĝ  N  A  D  N  A  T  A
A  N  K  Z  T  O  R  A  P  E  R  P  O  S
N  M  O  C  N  A  Ŝ  N  Q  S  C  V  C  B
B  H  I  V  M  W  A  M  I  T  U  K  E  N
G  S  L  K  A  D  Z  L  D  I  E  H  R  E
Q  Y  P  X  O  J  O  Ĝ  I  N  N  W  U  C
B  A  J  Q  Y  J  Y  P  F  O  T  P  K  P
O  R  U  T  A  N  L  P  I  S  U  V  E  O
O  D  A  G  I  V  A  N  C  R  Z  O  S  A
N  X  X  V  J  V  N  K  U  U  I  J  U  K
Z  K  Q  C  O  M  V  H  L  K  A  A  Z  E
I  T  I  N  E  R  O  T  T  S  S  Ĝ  M  D
B  E  L  E  C  O  S  C  O  K  M  O  G  B
A  K  T  I  V  E  C  O  X  E  O  J  W  X
```

AKTIVECO	NEKUTIMA
AMIKOJ	ITINERO
BELECO	ĜOJO
BRAVO	NATURO
ŜANCO	NAVIGADO
DANĜERA	NOVA
DESTINO	PREPARO
DIFICULTO	SEKURECO
ENTUZIASMO	VOJAĜOJ
EKSKURSO	

26 - Ville

```
S  S  U  P  E  R  B  A  Z  A  R  O  U  R
T  T  N  T  B  E  T  V  A  O  G  M  J  E
U  E  A  P  J  X  O  K  E  T  O  P  A  S
N  K  A  D  W  L  N  H  T  S  O  D  H  T
I  L  P  T  I  Q  R  X  P  I  K  V  K  O
V  I  J  O  R  O  T  A  K  R  E  M  I  R
E  N  L  J  F  O  G  G  H  O  T  Z  N  A
R  I  Z  E  N  N  D  G  O  L  O  O  O  C
S  K  S  R  R  A  Q  I  T  F  I  O  E  I
I  O  C  B  S  N  N  O  E  B  L  L  Z  O
T  P  X  I  T  D  E  Z  L  A  B  G  U  X
A  H  Q  L  Y  Z  N  J  O  N  I  L  M  X
T  G  A  L  E  R  O  L  O  K  B  Y  L  M
O  A  B  A  K  E  J  O  B  O  S  O  V  J
```

BANKO	MERKATO
BIBLIOTEKO	MUZEO
BAKEJO	APOTEKO
KINO	RESTORACIO
KLINIKO	STADIO
LERNEJO	SUPERBAZARO
FLORISTO	TEATRO
GALERO	UNIVERSITATO
HOTELO	ZOO
LIBREJO	

27 - Ingénierie

```
A O I C A T O R D K K M O U
W K P O N D L G I M O E V G
F F S K G S E U A O N Z H E
D R H O U A Z V G T S U G H
J O R A L I E E R O T R O F
O X M O O J D H A R R A P C
L I K V A X W E M O U D P C
I K A L K U L O O I O O S S
V B A N R G V E B G I A R X
E A A H V O U B I R T S I D
L Y L P S S O R T E M A I D
H T V D K N G T O N I Ŝ A M
S T A B I L E C O E J H P J
P R O F U N D O L B H G G Q
```

ANGULO
AKSO
KALKULO
KONSTRUO
DIAGRAMO
DIAMETRO
DEZELO
DISTRIBUO
ILAROJ
ENERGIO

FORTO
LEVILOJ
LIKVA
MAŜINO
MEZURADO
MOTORO
PROFUNDO
ROTACIO
STABILECO

28 - Énergie

```
D O Z O L E U F V T E B Q Q
E K R J U R I O A U L E W I
Z M T E X T A T R R E N K W
E V O T N L J O M B K Z A B
L E N T I T A N O I T I R A
O N U Z O N R O P N R N B T
G T S J F R D O P O O O O E
N O H X Z X O U P G N P N R
N U K L E A F L S I O F O I
M E D I O U L O P T O U Z O
E U C B B O N E G O R D I H
R E N O V I G E B L A I L O
E L E K T R O S G D R W O K
V I I J E O M J X E P L N T
```

BATERIO
KARBONO
FUELO
VARMO
DEZELO
ENTROPIO
MEDIO
BENZINO
ELEKTRO
ELEKTRONO

HIDROGENO
INDUSTRIO
MOTORO
NUKLEA
FOTONO
POLUO
RENOVIGEBLA
SUNO
TURBINO
VENTO

29 - Cuisine

```
K R U Ĉ O O K U T Ŝ U B S K
T A S O J J O L I Ĉ N A R T
K T H C K U L Y E V J R F C
R E C E P T O O K J G E O H
B O V L O S U J U S H H R O
K A L D R O N O L I R G K P
Q S Q X A R N C E V S L O S
R R P W O F X E R G A M J T
M J U O V H J P O L Q Z J I
L I H K N B F S J H C N O C
M A N Ĝ O G F R I D U J O K
O X S K E T O N R O F R F S
U V U A N T A Ŭ T U K O C Y
G Z X Ĉ E R P I L O T V H E
```

CHOPSTICKS	FORKOJ
BOVLO	GRILO
KALDRONO	ĈERPILO
FROSTUJO	MANĜO
TRANĈILOJ	VAZO
KRUĈO	RECEPTO
KULEROJ	FRIDUJO
SPECOJ	BUŜTUKO
SPONGO	ANTAŬTUKO
FORNO	TASOJ

30 - Corps Humain

```
X B E X Q O T A H N W W M E
M A K Z E L O L O E L A M Z
N L R O Y E R A Y B K Y Y X
U F K E O R T F B A O R O K
Q G O M A O L E I Z L P N W
V I Z A Ĝ O U I Q N O Z A N
I B G U M Z Ŝ X K N G L M K
K S S M E N T O N O N R B X
D U S T O M A K O Ŝ A F O Q
N L B Z B K V W R U S J J X
L C R U G E N U O B Q Y Y P
I C R W T B V V W I O O Y U
T R C R J O P I L C E R B O
O N E T P B Y W C A U K I B
```

BUŜO
CERBO
MALEOLO
KOLO
KUBUTO
KORO
FINGRO
STOMAKO
ŜULTRO
GENUO

LIPOJ
MANO
MAKZELO
MENTONO
NAZO
ORELO
SANGO
KAPO
VIZAĜO

31 - Épices

```
Y P X Z K U M I N O O F V K
O I V C I Y T P C P N H U O
X P W A Q N E N U T M E G R
Y R O K O R G U N E F C T I
G O L F L H B I N D M U G A
L C J I A I P T B F N R U N
I U A U S B M B T R M R S D
K Z D F E N K O L O O Y T R
O Z I N A U Z P I F M J O O
R W C M X G E E O M A N I C
I U A S A B B C B U D Q H H
C L Q A M A R A M G R J B J
O N A R F A S A M E A P C I
T G B V A N I L O G C V H M
```

ACIDA   FENUGROKO
AJLO   ZINGIBRO
AMARA   NUTMEG
ANIZO   CEPO
CINAMO   PIPRO
CARDAMOM   GLIKORICO
KORIANDRO   SAFRANO
KUMINO   GUSTO
CURRY   SALO
FENKOLO   VANILO

32 - Science

```
I K P P J J L D O H G W O E
K E M I K O A A B I K G R K
B F R R N L B T S P L R G S
V I W D A A O U E O I A A P
O Z W N T R R M R T M V N E
Q I V O U E A O V E A I I R
W K D C R N T M O Z T T S I
J O R E O I O I E O O O M M
L N B D V M R A E T P S O E
F A K T O B I U T H O B U N
F O S I L O O U Q O V D L T
M O L E K U L O J N M Q O O
S C I E N C I S T O R O V D
V H T A E Y E G Q O G O E Y
```

ATOMO
KEMIKO
KLIMATO
DATUMO
EKSPERIMENTO
EVOLUO
FAKTO
FOSILO
GRAVITO
HIPOTEZO

LABORATORIO
METODO
MINERALOJ
MOLEKULOJ
NATURO
OBSERVO
ORGANISMO
EROJ
FIZIKO
SCIENCISTO

33 - Chats

```
P X S A Z U M A U L V I U U
L U R Z N R P H N S U P A N
T U Q E X B A X A Z E M Z G
I P D N M A R V F E L T O E
M R E E X E E M P I T J I G
I I Z R M N T A X V J Q R O
T O Y F S A Ĝ A V O S G U N
A Ĵ I M R O D Ĉ W Y E K K F
R A P I D E N A A T E G L U
O S U M S G D E P S Y O H L
D K L Y T O R M C S I Q S Z
Q E W A W R I H X O T S O V
F T S E N D E P E N D A T G
I L M W R S Z R U U Z E E O
```

ĈASISTO	SENDEPENDA
KURIOZA	PAW
DORMI	PERSONECO
AMUZA	ETA
LUDEMA	VOSTO
TEKSAĴO	RAPIDE
FRENEZA	SOVAĜA
FELTO	MUSO
UNGEGO	TIMITA

34 - Vêtements

```
A  B  R  A  C  E  L  E  T  O  J  R  J  L
Ĉ  N  J  U  V  E  L  O  J  Ŝ  U  O  A  Q
G  A  T  N  O  G  M  Y  Y  A  N  K  F
A  I  P  A  Z  W  T  N  E  C  C  J  O  F
N  K  O  E  Ŭ  C  E  Q  E  S  W  W  N  N
T  U  D  C  L  T  S  A  N  D  A  L  O  J
O  B  R  E  E  O  U  J  U  P  O  Q  N  C
J  S  L  G  N  R  A  K  M  O  D  O  O  G
Z  K  O  U  D  S  D  B  O  H  S  Z  L  C
O  U  Z  V  Z  Q  T  O  L  E  T  N  A  M
N  L  I  E  Y  O  R  E  I  L  O  K  T  K
O  O  M  S  K  M  M  S  V  K  W  Q  N  C
S  R  E  T  E  V  Ê  S  M  S  P  T  A  Q
C  Q  Ĉ  O  P  I  Ĵ  A  M  O  H  C  P  F
```

JUVELOJ	JUPO
BRACELETO	MANTELO
ZONO	MODO
ĈAPELO	PANTALONO
ŜUO	SEVETER
ĈEMIZO	PIĴAMO
BLUZO	VESTO
KOLIERO	SANDALOJ
SKULO	ANTAŬTUKO
GANTOJ	JAKO

35 - Arts Visuels

```
P  S  V  B  N  U  Ĉ  E  F  V  E  R  K  O
O  T  E  R  K  K  R  A  J  O  N  O  A  T
R  A  R  K  I  T  E  K  T  U  R  O  T  S
T  K  R  E  A  V  O  J  W  V  E  B  A  I
R  G  L  A  Z  U  R  O  E  O  N  R  U  T
E  I  G  K  S  Ŝ  L  W  E  Y  M  A  F  R
T  K  V  O  D  A  N  O  P  M  O  K  P  A
O  K  K  X  L  B  Y  Y  L  A  F  T  L  U
A  O  G  Q  Y  L  T  T  Y  B  O  X  U  J
V  H  S  I  N  O  M  L  I  F  A  L  M  B
V  A  K  S  O  N  W  X  X  H  Q  T  O  Y
M  O  K  I  M  A  R  E  C  Y  O  P  S  T
S  K  U  L  P  T  A  Ĵ  O  N  O  B  O  E
B  L  B  P  E  N  T  R  O  L  I  G  R  A
```

ARKITEKTURO	KRAJONO
ARGILO	KREAVO
ARTISTO	FILMO
CERAMIKO	PENTRO
KARBO	ŜABLONA
ĈEFVERKO	PORTRETO
ESTABLO	SKULPTAĴO
VAKSO	PLUMO
KOMPONADO	GLAZURO
KRETO	

36 - Méditation

```
P L A A S F O F R O Z T M S
S E O V R E S B O N S R U I
P P R F W I F V D E J A Z L
K C I S K O M P A T O N I E
O S H R P C V M V N M K K N
T S D Q A E V L O I I V O T
P Y V J M D K U M S T I C O
E A S Z R E O T R A U L E F
C L C S O M R N I Z K E R J
K Z K O D O U E W V E S A M
A I W C L C T T U P O L L I
K H R F A I A A O N P I K W
F P E Y M O N O K N A D B M
M E N S O J T Q M E N T A J
```

AKCEPTO	MENTA
ATENTU	MOVADO
TRANKVILE	MUZIKO
KLARECO	NATURO
KOMPATO	OBSERVO
MENSO	PACO
EMOCIOJ	PERSPEKTIVO
MALDORMA	SINTENO
DANKON	SPIRADO
KUTIMOJ	SILENTO

37 - Littérature

```
P D I A L O G O U N R U Y K
R O D U L K N O K C S G E Y
A I E O B I R K S I R P B O
Ŭ I T M Z B V T J X I P I K
T Y Z M O M E T R Z M Q O I
O D K E O I C K I F O L G A
R R E N O R O F A T E M R N
O E R K I P K H Y U J Z A A
O I D E G A R T O Q R H F L
S E O L O R O M A N O D I I
V U P O L R Y Y F R C J O Z
K O M P A R O L I T S A P O
C M O T N A T N O K A R X G
Z B S D A A N E K D O T O V
```

ANALOGIO
ANALIZO
ANEKDOTO
AŬTORO
BIOGRAFIO
KOMPARO
KONKLUDO
PRISKRIBO
DIALOGO
FIKCIO

METAFORO
RAKONTANTO
POEMO
POEZIA
RIMO
ROMANO
RITMO
STILO
TEMO
TRAGEDIO

38 - Nourriture #1

```
S K Z B O W L C F F V C T Z
U W A V K S D K E L F O J X
K H K F M A E L C N X X F I
O L A S O G A R F P O R I P
B F O Z C I N A M O C E H S
T I N U S O H V C R A P O U
W J E M E F O I H A N Q T K
L M J C U T R A P O I H A E
J N F A B Y D N K L P W L R
B A Z I L O E D T C S U A O
P J W X N M O O C W E N S T
H A H L H E N C M A Y P E K
K A R O T O N O R T I C O A
A J L O L Q M O X O C E P L
```

AJLO	RAPO
BAZILO	CEPO
KAFO	HORDEO
CINAMO	PIRO
KAROTO	SALATO
CITRONO	SALO
SPINACO	SUPO
FRAGO	SUKERO
SUKO	TINUSO
LAKTO	VIANDO

39 - Jours et Mois

```
M  L  C  D  I  M  A  N  Ĉ  O  O  P  F  P
W  A  U  J  Y  O  R  B  M  E  T  P  E  S
M  L  R  N  J  E  Z  P  Z  U  B  M  B  O
W  J  U  D  D  A  A  R  U  X  V  O  R  W
L  M  N  Q  O  O  T  A  S  O  I  N  U  J
N  O  V  E  M  B  R  O  P  I  Q  A  A  M
S  E  M  A  J  N  O  R  H  R  H  T  R  A
L  E  R  E  F  N  F  B  U  G  I  O  O  R
M  D  O  O  P  J  N  O  M  W  E  L  Z  T
J  A  N  U  A  R  O  T  A  B  A  S  O  O
V  B  Z  P  C  Q  O  K  F  I  T  M  D  Z
P  W  G  B  A  V  M  O  T  S  U  G  Ŭ  A
M  E  R  K  R  E  D  O  I  L  U  J  A  S
K  A  L  E  N  D  A  R  O  W  A  V  Ĵ  S
```

AŬGUSTO	MARDO
APRILO	MARTO
KALENDARO	MERKREDO
DIMANĈO	MONATO
FEBRUARO	NOVEMBRO
JANUARO	OKTOBRO
ĴAŬDO	SABATO
JULIO	SEMAJNO
JUNIO	SEPTEMBRO
LUNDO	

40 - Jardinage

```
S W N G U G N M I E E F H S
A E R X O M V Q O P P E N M
W G Z H V S N V O I C E P S
R X X O K I N A T O B U O T
O D K V N Q B L A R S F J R
M W Z K D A U B M O S O H O
K A E A M U K E I L H L N T
O I L O F M E Ĝ L F U I Z S
O N S P M T D N K C M O D O
B O A A U R O A E G I J C P
V L P R E R V M Z Y D O Y M
E K Z O T A A T O F O T Y O
T R U L O M U Ĵ B U Y D V K
J I H F A K Q J O M E S O S
```

BOTANIKO   FLORO
BUKEDO   FLORA
KLIMATO   SEMOJ
MANĜEBLA   HUMIDO
KOMPOSTO   UJO
AKVO   SEZONA
SPECIO   MALPURAĴO
EKZOTA   TRULO
FOLIOJ   HOSO
FOLIO

41 - Entreprise

```
B U K V A R O E S W R E D Q
E U Z O C N A N I F A R C P
V T Ĝ I E Z M S X J B N I V
P N O E N F R P Y F A Y M O
C B W A T O I E Y M T S P D
I W K R C O F Z R O O G O N
K F J U W R T O H O O F S E
M H O T S E V N I T I O T V
O W J Z Y I X L A I M K O A
N O E N R R Z U N G O I J L
O T C C O A M N V N N T M U
Q C I S D K C X Y U O U Y T
O S F K O S T O K D K B D O
J L O P R O F I T O E K S W
```

MONO
BUTIKO
BUĜETO
OFICEJO
KARIERO
KOSTO
VALUTO
DUNGANTO
DUNGITO
FIRMAO

EKONOMIO
FINANCO
IMPOSTOJ
INVESTO
VARO
PROFITO
ENSPEZO
RABATO
UZINO
VENDO

42 - Activités

```
L  L  I  B  E  R  T  E  M  P  O  N  V  F
E  Y  G  U  B  J  L  E  G  A  D  O  F  I
R  A  E  P  F  R  O  R  U  Z  E  L  P  Ŝ
T  V  D  A  S  N  D  D  K  S  O  Q  A  K
O  T  B  R  O  D  A  M  U  D  N  E  T  A
K  L  I  Y  C  G  S  H  I  L  C  R  N  P
Ĝ  A  R  D  E  N  A  D  O  X  E  F  A  T
P  C  D  C  V  T  Ĉ  Y  W  K  R  K  G  A
F  E  U  O  I  G  A  M  F  T  A  P  I  D
K  O  K  B  T  R  U  R  E  A  M  E  T  O
X  H  T  G  K  L  H  E  T  U  I  N  L  U
L  B  H  O  A  Y  E  K  T  O  K  T  A  S
M  E  T  I  O  J  W  P  I  Z  O  R  L  M
I  N  T  E  R  E  S  O  J  T  G  O  C  B
```

AKTIVECO
ARTO
METIOJ
TENDUMADO
CERAMIKO
ĈASADO
LERTO
KUDRI
INTERESOJ
ĜARDENADO

LUDOJ
LEGADO
LIBERTEMPO
MAGIO
PENTRO
FIŜKAPTADO
FOTO
PLEZURO
ALTIGANTA

43 - Mode

```
S K O M F O R T A F W Y M N
M K A N E E J A J J F H D B
M O E U Q I T U O B J L V I
T O O M D S E M N K O S T A
E F D I O O X P O T N U P S
K I S E T A K I T K A R P K
S T M B S M E Z U R A D O B
T U Y A E T M Y B N O P L R
U D I I V G A L P M I S I O
R F Z C M O D E R N A Z T M
O E L E G A N T A P S S S A
M I N I M A L I S T A M L D
J B T Q Y A L A N I G I R O
T E N D E N C O K D P Z O R
```

BOUTIQUE   MODESTA
BUTONOJ   SKEMO
BROMADO   ORIGINALA
KOSTA   PRAKTIKA
KOMFORTA   SIMPLA
PUNTO   STILO
ELEGANTA   TENDENCO
MEZURADO   TEKSTURO
MINIMALISTA   TIFO
MODERNA   VESTO

44 - Nourriture #2

```
B  B  L  R  B  W  U  C  L  B  H  W  S  Ŝ
F  R  Y  Y  I  A  X  P  V  P  F  W  M  I
P  O  V  I  K  Z  N  K  O  O  N  A  P  N
N  K  X  I  B  Q  O  A  S  M  P  K  G  K
H  O  R  E  B  N  I  V  N  O  Ŝ  I  F  O
R  L  M  M  A  N  G  O  R  O  O  B  U  L
R  O  T  E  S  O  D  G  W  K  D  K  K  A
J  D  W  H  L  X  H  N  S  I  S  L  P  D
R  I  O  O  T  A  O  U  J  T  L  A  E  G
Y  K  K  V  S  M  N  F  U  I  P  X  Z  I
T  O  H  O  B  O  S  Z  N  R  W  H  K  M
E  K  Ĉ  E  R  I  Z  O  O  T  A  M  O  T
C  E  L  E  R  I  O  D  A  L  O  K  O  Ĉ
K  Y  B  E  Q  I  X  Y  Z  M  N  V  P  K
```

MIGDALO	KIVO
MELANZO	MANGO
BANANO	OVO
TRITIKO	PANO
BROKOLO	FIŜO
ĈERIZO	POMO
CELERIO	KOKIDO
FUNGO	VINBERO
ĈOKOLADO	RIZO
ŜINKO	TOMATO

45 - Algèbre

```
P A R E N T E Z O R E M U N
G D V C V W N F O R M U L O
N D I R R C T S E N F I N E
W F H B M M Z Q W Q N P S K
G R A F I K O M E L B O R P
M V S F G L U N G X Q Y V K
A A U A I O I C K A R F Y V
T R B K L C A N S O L V O A
R I T T P L S L I W F Q I N
I A R O M P Y O S A A O C T
C B A R I E Z E C B L H A O
O L H O S L R R S M S E V Y
P O O M A R G A I D A E K C
E K S P O N E N T O G R E I
```

DIAGRAMO   MATRICO
EKSPONENTO   NUMERO
EKVACIO   PARENTEZO
FAKTORO   PROBLEMO
FALSA   KVANTO
FORMULO   SIMPLIGI
FRAKCIO   SOLVO
GRAFIKO   SUBTRAHO
SENFINE   VARIABLO
LINIA   NUL

46 - Océan

```
K O R A L O N E F L E D S T
M H R I F O G L A K Ŝ E P E
B E U H W Ŝ W I H R A C O S
A G D N H I U P D A R K N T
L K N U Z F A N Z B K H G U
E W U F Z W G E E O O Z O D
N B U H E O K O K I L A S O
O P O P I L J B Q H O R G Z
X R M A E A O M C H N X A M
G U R S T S S R K D D M U U
A R O P K O U Y T Y O A E Q
Z Y T O D Q N J L S J Q Q R
V T Ŝ G H D I V D P O L P O
B U J F C S T A N G I L O N
```

ALGO
ANGILO
BALENO
BOATO
KORALO
KRABO
SALIKOKO
DELFENO
SPONGO
OSTRO

MEDUZOJ
FIŜO
POLPO
ŜARKO
RIFO
SALO
ŜTORMO
TINUSO
TESTUDO
ONDOJ

47 - Antiquités

```
A P P N H G K A U B R J S Z
Ŭ M E M E M Y X K Y Y L U A
K E N F O K V D N G P S G C
C B T M T N U X O S R V T S
I L R K I Q E T O R E L A G
O O A M L Y S R I V Z S P Z
R R Ĵ C A J H X O M O K W J
O A O O V U L U G J A U I A
L T J J K V N X N A V L N R
A S A T N E T Ŭ A M O P V C
V E M M O L I T S A N T E E
N R U O B O T R A N L A S N
R A G M K J O H I R A Ĵ T T
E L E G A N T A A O M O O O
```

ARTO
AŬTENTA
JUVELOJ
ORNAMAJ
AŬKCIO
ELEGANTA
GALERO
NEKUTIMA
INVESTO
MEBLO

PENTRAĴOJ
MONEROJ
PREZO
KVALITO
RESTARO
SKULPTAĴO
JARCENTO
STILO
VALORO
MALNOVA

48 - Boxe

```
P R X Q E K D G Ŝ N U R O J
R A P I D E U R S T T A D E
S T G I X W A B V A M G W L
E L O U F F J G U O P N L Ĉ
D C Q E Q D O N O T N E M E
P I E D B A T O L N O F R R
G W L H T C K S U A L O E P
G A N T O J N U G L I R T I
M T A H T O U K N A R T R T
P X B W R P P O Â T O O O A
A U V A E A S F D A N T V V
F M G M L K T B M B O I O L
W L R N K O R P O T S Z X X
W V V D O L U Ŭ A R T N O K
```

KONTRAŬULO
SONORILO
ANGULO
BATALANTO
LERTO
FOKUSO
ŜNUROJ
KORPO
KUBUTO

PIEDBATO
ELĈERPITA
FORTO
GANTOJ
MENTONO
PUGNO
PUNKTOJ
RAPIDE
RETROVO

49 - Ballet

```
A Y G M O R K E S T R O Y A
P H E C U J U Y K Q I Z H R
L I S S S Z G O K I N K E T
A O T O T S I N O P M O K A
Ŭ R O C S A V K V R O J P L
D A T E R T A V O M I O F M
O T R S W W I D R U F T N W
J N E N Z J C L P S A S M W
F A L E Y R A G O K R I P O
P T H T B L R W I O G C S P
I K E N R I G L P L E N S L
L E G I S N D O P O R A K P
T P R A K T I K O J O D V P
E S P R I M A H O C K E A K
```

APLAŬDOJ   MUSKOLOJ
ARTA   MUZIKO
KOREGRAFIO   ORKESTRO
LERTO   PRAKTIKO
KOMPONISTO   SPEKTANTARO
DANCISTOJ   PROVO
ESPRIMA   RITMO
GESTO   STILO
GRACIA   TEKNIKO
INTENSECO

50 - Fruit

```
A Y F P J S A D N J F P O C
V J R X E I R B P D I O X Y
O J A P A P E J R Z G M V T
K F M M S F S U G I O O U K
A O B O F G U E A V K H B I
D A O Z I R E Ĉ H Y Y O A V
O B N N E K T A R I N O T O
Ĝ A O A P Y A Z M H Z N V O
N N B H N A I B A J W O I V
A A C E L A Z H N X P R N A
R N I P R Y S F G Z E T B V
O O I H S O D O O Z Q I E U
M E L O N O C V J I I C R G
L P I R O K I S R E P G O L
```

ABRIKOTO
ANANASO
AVOKADO
BERO
BANANO
ĈERIZO
CITRONO
FIGO
FRAMBO
GUVAVO

KIVO
MANGO
MELONO
NEKTARINO
ORANĜO
PAPAJO
PERSIKO
PIRO
POMO
VINBERO

51 - Musique

```
M O K I R I L A M T I R K Z
K I A U S U K K L W Y R A K
A N K O Ĉ O V I O B P V N M
N O I R P M S S B Y U G T U
T M Z T O T K A T H Q M U Z
I R U S I F S L G V M M O I
S A M I D G O K Y H X J K K
T H T G O Z R N D H E K I I
O E A E L R E J O H S V N S
M I F R E N P V K D Y G O T
T O F U M D O Y I C A O M O
I N S T R U M E N T O L R W
R D A T L F P O E Z I A A E
H H Z E G F Y V O V A J H B
```

ALBUMO	MELODIO
BALADO	MIKROFONO
KANTU	MUZIKA
KANTISTO	MUZIKISTO
KLASIKA	OPERO
REGISTRO	POEZIA
HARMONIO	RITMO
HARMONIKO	RITMA
INSTRUMENTO	TAKTO
LIRIKO	VOĈO

52 - Météo

```
F B N R N W Z Y A K Y T T H
N F A G L A C I O X U O R Ŝ
T O N D R O Ĉ I E L O R O T
S N E L I V K N A R T N P O
E A I D S M L F L L R A I R
K G N T N T U G F P I D K M
A A U G O U A H L V O O A O
D R N P B A B O C E K E S K
N U D Y A E L O K J R Y U L
V E O R E F S O M T A S L I
E P B P A O U J Z W L V O M
N O R U T A R E P M E T P A
T Y O E L U G U E Z I D Z T
O Y E V E O C G N Z Ĉ L N O
```

ĈIELARKO   URAGANO
ATMOSFERO   POLUSA
NEBULO   SEKA
TRANKVILE   SEKECO
ĈIELO   TEMPERATURO
KLIMATO   ŜTORMO
GLACIO   TONDRO
HUMIDA   TORNADO
INUNDO   TROPIKA
NUBO   VENTO

53 - L'Entreprise

```
O E P T P R O D U K T O P J
I N R W E I N D U S T R I O
C S O D F N B N X Q D P G U
A P F E J A D N O M T U T N
T E E C O C R E M O K X I U
U Z S I D U K R N K R E A D
P O I D E Z V C I C J J V U
E R A O M C A E J S O M X N
R T O J I J L W W M K J N G
G H E G R U I Z K E B O A O
F T M Q R L T V O Z P P J T
M N Q H G E O T N E Z E R P
N O V I G A S E B L E C O I
T M C Z W K W O T S E V N I
```

KOMERCO
KREA
DECIDO
DUNGO
TUTMONDA
INDUSTRIO
NOVIGA
INVESTO
EBLECO
PREZENTO

PRODUKTO
PROFESIA
PROGRESO
KVALITO
RIMEDOJ
ENSPEZO
REPUTACIO
RISKOJ
TENDENCOJ
UNUOJ

54 - Gouvernement

```
G D F H F J D U P L D E Y V
M R N B A U I V O I E G P A
I O Ĝ E L Ĝ S P L B M A A M
P N N Z R A K X I E O L C G
A A D U O J U H T R K E A H
R T G E M U T A I E R C V N
O I I R P E O B K C A O P A
L V N X V E N T O O T U J C
A I J N C O N T A O I Q O I
D C C R U K S D O T O D T O
O S D J A P O C E T S U J K
C I V I L A I C A N W E A X
S I M B O L O J X M C J R C
K O N S T I T U C I O E B S
```

CIVITANO
CIVILA
KONSTITUCIO
DEMOKRATIO
PAROLADO
DISKUTO
RAJTOJ
EGALECO
STATO
INDEPENDENCE

JUĜAJ
JUSTECO
LIBERECO
LEĜO
MONUMENTO
NACIO
NACIA
PACA
POLITIKO
SIMBOLO

55 - Randonnée

```
G P R E P A R O V K A E P R
I V P Z T G Y W J E O E G M
O Ĝ I T N E I R O O T N U P
S L I D Y Y D H N F N E N P
O T A M I L K Y O T O T R J
V R M C N L X B T X M F G O
A Q W K H K O S Ŝ N H K E K
Ĝ B O T O J L J O T S E B R
A A N M G R U I N R V D T A
I P S U K I D X F N K P E P
N I S U N O B G V O X E T G
M A P O N A T U R O J Z B C
L A C A D Y Z L H W H A A U
P J M T E N D U M A D O F D
```

BESTOJ   VETERO
BOTOJ   MONTO
TENDUMADO   NATURO
MAPO   ORIENTIĜO
KLIMATO   PARKOJ
AKVO   ŜTONOJ
KLIFO   PREPARO
LACA   SOVAĜA
GVIDILOJ   SUNO
PEZA   PUNTO

56 - Art

```
D A Z P H S X I R N P F J P
I N D K A O U I D P X Y N O
O O L W T N N B Y S H V E R
E S P R I M O E J R H D O T
S R C P R A R R S E L M D R
K E E E I L O O U T K I A E
U P R N P P M B H A O T N T
L U A T S M U V I D A J O U
P I M R N I H Z Q D W D P G
T Q I A I S I M B O L O M G
A P K Ĵ A L A N I G I R O S
Ĵ I O O S K E L P M O K K Z
O M M J S V O P O E Z I O O
S U P E R R E A L I S M O T
```

CERAMIKO	PENTRAĴOJ
KOMPLEKSO	PERSONA
KOMPONADO	POEZIO
PORTRETU	SKULPTAĴO
ESPRIMO	SIMPLA
HONESTO	SUBJEKTO
HUMORO	SUPERREALISMO
INSPIRITA	SIMBOLO
ORIGINALA	VIDA

57 - Nutrition

```
S  S  S  T  O  K  S  I  N  O  U  Y  O  R
A  A  A  A  L  B  E  Ĝ  N  A  M  W  T  N
N  N  M  X  Ŭ  V  Y  H  N  A  W  E  E  N
O  A  A  N  R  C  J  O  Ĵ  A  V  K  I  L
T  W  R  K  L  K  O  A  S  G  J  W  D  P
I  J  A  Y  O  A  N  D  P  P  U  F  X  J
L  A  R  B  I  L  I  V  K  E  E  T  A  K
A  X  S  H  K  O  E  L  J  U  T  C  M  L
V  P  E  Z  O  R  T  S  P  F  G  I  O  T
K  Q  H  E  F  I  O  G  U  S  T  O  T  J
C  P  O  R  N  O  R  W  A  A  R  B  N  O
Q  Z  Y  Y  I  J  P  D  I  G  E  S  T  O
I  N  G  R  E  D  I  E  N  T  E  J  M  P
F  E  R  M  E  N  T  A  D  O  L  X  U  T
```

AMARA
APETITO
KALORIOJ
MANĜEBLA
DIETO
DIGESTO
SPECOJ
EKVILIBRA
FERMENTADO
INGREDIENTEJ

LIKVAĴOJ
PEZO
PROTEINOJ
KVALITO
SANA
SANO
SAŬCO
GUSTO
TOKSINO

58 - Créativité

```
I  B  G  B  D  L  K  I  X  C  R  O  K  W
I  M  K  W  D  E  B  D  M  P  S  H  Q  D
E  Z  P  F  M  R  I  E  J  X  H  R  Q  O
K  M  M  R  Q  T  L  O  R  I  P  S  N  I
L  V  O  C  E  O  D  J  C  A  R  T  A  I
A  Y  H  C  G  S  O  K  I  E  F  Y  G  N
R  K  D  P  I  T  O  E  M  N  U  Y  Y  T
E  D  K  I  G  O  G  S  A  Y  Z  L  Q  U
C  I  N  X  V  K  J  P  G  B  J  V  F  I
O  Q  P  Q  Q  H  A  R  P  S  F  I  Z  C
I  N  V  E  N  T  A  I  O  E  J  Z  I  I
W  D  R  A  M  A  N  M  V  N  N  I  N  O
V  I  G  L  E  C  O  O  O  T  U  O  W  N
S  P  O  N  T  A  N  E  A  O  V  J  Q  W
```

ARTA	IMAGPOVO
KLARECO	IMPRESO
LERTO	INSPIRO
DRAMAN	INTUICIO
ESPRIMO	INVENTA
EMOCIOJ	SENTO
FLUECO	SPONTANEA
IDEOJ	VIZIOJ
BILDO	VIGLECO

59 - Science Fiction

```
I  L  U  Z  I  O  A  D  G  I  S  H  F  T
E  K  S  P  L  O  D  O  A  M  O  T  A  P
R  P  N  N  S  R  N  U  L  A  C  C  O  Q
D  O  L  K  C  J  I  T  A  G  P  Z  H  S
O  C  B  A  E  A  R  O  K  A  L  F  Z  C
M  T  P  O  N  F  I  P  S  A  W  U  Q  E
S  I  C  Y  T  E  M  I  I  T  X  W  L  N
I  L  S  U  I  O  D  O  O  D  N  O  M  O
L  I  W  T  I  D  J  O  L  A  E  B  T  B
A  B  M  S  E  G  W  Y  O  K  I  N  O  E
E  R  A  M  E  R  T  S  K  E  C  P  A  B
R  O  I  K  R  J  A  F  A  D  Y  S  A  D
E  J  I  M  A  T  S  I  R  U  T  U  F  M
H  M  H  O  I  G  O  L  O  N  K  E  T  G
```

ATOMA	LIBROJ
KINO	MONDO
EKSPLODO	MISTERA
EKSTREMA	ORAKOLO
MIRINDA	PLANEDO
FAJRO	REALISMO
FUTURISTA	ROBOTOJ
GALAKSIO	SCENO
ILUZIO	TEKNOLOGIO
IMAGA	UTOPIO

60 - Professions #1

```
E D O T S I K I Z U M Z D F
K A R T O G R A F O T L A A
S J O T A K O V D A M I N J
C U D P L U M B I S T O C R
I V A Y F D S I K X O T I O
E E S V Y Q D K J W G G S F
N L A G E O L O G O O J T O
C I B X O M R R K N L U O M
I S M J A S T R O N O M O I
S T A N C K O O I G K C O S
T O B F O T S I N A I P R T
O R O T K O D N N R S V Q A
Ĉ A S I S T O A V A P P E O
V A R T I S T I N O G C E D
```

AMBASADORO
ASTRONOMO
ADVOKATO
JUVELISTO
KARTOGRAFO
ĈASISTO
DANCISTO
GEOLOGO

VARTISTINO
DOKTORO
MUZIKISTO
PIANISTO
PLUMBISTO
FAJROFOMISTA
PSIKOLOGO
SCIENCISTO

61 - Géologie

```
K V U L K A N O N O Z F C R
R N F J E K F Y Z K G O T K
I K R H V X R T V U L S Q G
S O Ĵ A N E B E T L A I Y E
T N I N S J B K K K B L A J
A T E Z W T P R A J F O C S
L I C P O V A L G L P X I E
O N O T Ŝ R X L N D C E D R
J E S A L O E W A X I I O O
G N T A V O L O R K S Q O V
M T K V A R C O X H T D G V
J O L A R E N I M S N I R H
K O R A L O N R E V A K T K
S T A L A G M I T O J H B O
```

ACIDO
KALCIO
KAVERNO
KONTINENTO
KORALO
TAVOLO
KRISTALOJ
EROZIO
FOSILO
GEJSERO

LAVO
MINERALOJ
ŜTONO
ALTEBENAĴO
KVARCO
SALO
STALAKTITO
STALAGMITOJ
VULKANO
ZONO

62 - Cirque

```
B E S T O J A M U Z I K O J
R E B Z T O P M Z P R U M Y
I U L X S N A E U Z F P A C
W J Z T I O J N G Z U P G E
O N A O N L A Z I H I A I S
J H U Z G A C R E Y A R O E
S S V J O B O K E P K A D L
G P L Y J T I C Q X R D N E
S I M I O N E T X Z O O E F
K O S T U M O L F J B N T A
M O N T R O M F I S A O O N
T M T M A G O A H B T E A T
S P E K T A N T O T O L U O
D E H W H T I G R O P E P L
```

AKROBATO   LEONO
BESTOJ   MAGO
RUZO   MAGIO
BALONOJ   MONTRO
BILETO   MUZIKO
PAJACO   PARADO
KOSTUMO   SIMIO
AMUZI   SPEKTANTO
ELEFANTO   TENDO
JOGNISTO   TIGRO

63 - Jardin

```
N A D R R H V V X T G F Y T
R S F O R H U F F R A R J E
A R B U S T O B R A R B T R
B H O S O H G U H M A K Z A
A B N G C G V A I P Ĝ H M S
R Y D A O L U R T O O A Ŝ O
I R K Z B A I Y S L N M O V
L I Z O R G E O A I E A V E
O U Q N E E Q J R N D K E R
P K F O H T S Y Z O R O L A
C C N L H O R O L F A M I N
N I T E Z P E A U O Ĝ K L D
Y K J O B R E H T J D L O O
P O L D Q X T C V B F B U B
```

ARBO
BENKO
ARBUSTO
BARILO
LAGETO
FLORO
GARAĜO
HAMAKO
HERBO
ĜARDENO

HERBOJ
ŜOVELILO
GAZONO
VERANDO
RASTI
TRULO
TERASO
TRAMPOLINO
HOSO

64 - Santé et Bien Être #1

```
O F M S I N T E N O V T M B
H V T A E A L T O I I I E Z
Z D X V L X J Z W P R U D Z
P D P I W S Z K P A U F I V
O K E T O P A C L R S U C F
U V G K U B L T Q E O O I R
H J S A A W L J O T S O N A
V O K I N I L K D D W O O K
C L R X E B P T A K N I Q T
S O P M N S E L T W Q U R U
U K D E O T A H K E M B V R
I S W T K N P M A W Z X B O
K U T I M O O O R O T K O D
D M G W R K O J T D A G S I
```

AKTIVA
VUNDO
KLINIKO
MALSATO
FRAKTURO
KUTIMO
ALTO
HORMONOJ
DOKTORO

MEDICINO
MUSKOLOJ
OSTOJ
APOTEKO
SINTENO
TERAPIO
TRAKTADO
VIRUSO

65 - Barbecues

```
V N R U A G T O M A T O J K
T E R L R F Z C Y O M T B C
M A S R S W P O R E M O S E
L A G P I A G V P U L G A P
E M L M E I N F A N O J L O
G U E S A R S A L O C F A J
O Z J Z A N M S G I Ŭ N D O
M I Z O W T Ĝ A M R A V O L
O K L T Y A O O N S S X J I
J O U K C R V D P Ĝ C R Z Ĉ
N S D U B M J I V R O S X N
T L O R P I P K H W O A O A
R V J F L N Z O G R I L O R
F A M I L I O K W J Z Y X T
```

VARMA
TRANĈILOJ
TAGMANĜO
VESPERMANĜO
INFANOJ
SOMERO
MALSATO
FAMILIO
FRUKTO
GRILO

LUDOJ
LEGOMOJ
MUZIKO
CEPOJ
PIPRO
KOKIDO
SALADOJ
SAŬCO
SALO
TOMATOJ

66 - Animaux de Compagnie

```
Y D U K H D K X P E Q F A C
H F T U A G O R A I R I A Q
K Q R N M K L W P E M Ŝ O J
E C G I S Y U B A L D O L T
D V J K T W M A G O Z N W M
W B P L R I O Y O T M I W A
O A G O O S U M V R X V M T
V E W P R D G B K E B O P E
Y O Z R P N N X A C K B J S
I H S R A I W U M A N Ĝ O T
S T R T K C G G H L U N D U
H S Y R O P I G K A T O E D
K A T I D O Z D G V C W I O
C O K D F V O O O O H N P I
```

KATO   LACERTO
KATIDO   MANĜO
KAPRO   PIEDOJ
HUNDO   PAPAGO
IDO   FIŜO
KOLUMO   VOSTO
AKVO   MUSO
HAMSTRO   TESTUDO
KUNIKLO   BOVINO

67 - Forêt Tropicale

```
S  D  R  M  B  N  B  K  D  M  B  X  K  R
P  H  E  A  W  U  H  C  P  U  O  L  O  D
I  O  S  M  S  N  T  N  J  S  T  H  M  I
N  T  T  U  K  P  F  C  O  K  A  I  U  V
D  K  A  L  V  X  E  C  D  O  N  Q  N  E
I  E  R  O  W  Q  R  C  R  I  I  B  U  R
Ĝ  P  O  J  Y  L  X  W  I  K  G  M  S
E  S  N  A  T  U  R  O  B  O  O  O  O  E
N  E  A  M  F  I  B  I  O  J  K  T  H  C
A  R  I  F  U  Ĝ  O  L  A  G  N  A  Ĝ  O
S  U  P  E  R  V  I  V  O  W  U  M  H  K
K  O  N  S  E  R  V  A  D  O  B  I  M  Q
I  N  S  E  K  T  O  J  P  F  O  L  N  Y
H  V  A  L  O  R  A  Z  W  R  J  K  L  Z
```

AMFIBIOJ   MUSKO
BOTANIKO   NATURO
KLIMATO   NUBOJ
KOMUNUMO   BIRDOJ
DIVERSECO   VALORA
SPECIO   KONSERVADO
INDIĜENA   RIFUĜO
INSEKTOJ   RESPEKTO
ĜANGALO   RESTARO
MAMULOJ   SUPERVIVO

68 - Ferme #1

```
I  B  Q  M  D  E  Z  W  M  R  Q  B  Y  X
U  O  R  U  T  L  U  K  I  R  G  A  Y  F
R  U  C  D  D  E  J  L  E  Y  J  W  H  J
G  I  G  R  E  G  O  G  L  B  O  X  I  H
V  O  Z  I  D  L  S  J  O  V  R  O  K  U
A  K  X  O  K  R  O  P  L  L  P  N  G  N
K  Z  K  O  K  I  D  O  E  E  A  I  T  D
A  B  E  O  D  I  V  O  B  L  K  V  N  O
M  N  H  N  F  Y  L  K  A  B  N  O  E  P
P  I  K  W  O  L  I  R  A  B  U  B  D  Ĉ
O  O  C  H  C  X  Z  E  G  T  Z  E  Z  F
V  X  O  N  X  U  Z  T  B  N  J  V  H  T
K  A  T  O  X  E  D  S  F  O  J  N  O  X
A  S  A  O  S  O  I  B  P  H  Q  C  Q  Q
```

ABELO	KORVO
AGRIKULTURO	AKVO
AZENO	STERKO
KAMPO	FOJNO
KATO	MIELO
ĈEVALO	KOKIDO
KAPRO	RIZO
HUNDO	GREGO
BARILO	BOVINO
PORKO	BOVIDO

69 - Escalade

```
J O T O B S G T E R E N O N
T N O H A Z T V M R E W Y N
A R R P F E E A I V Q H W D
L E E H Q A H K B D R V F Q
T V F J P N B I N I I G B B
I A S J N A N Z P P L L I C
G K O O P A M I H Y V E O E
A Y M T G Ĝ D F J Z E S C J
N A T N Q R N O C E T L A O
T M A A M A O K A J P X T T
A R L G P L I S A Y H R R R
V U N D O L E A X D E Z E O
I Q T H P A F K J A E D P F
L B N D O M E L O V I C S O
```

ALTECO

ATMOSFERO

VUNDO

BOTOJ

MAPO

KASKO

SCIVOLEMO

SPERTA

MALLARĜA

FORTO

TREJNADO

GANTOJ

KAVERNO

GVIDILOJ

FIZIKA

ALTIGANTA

STABILECO

TERENO

70 - Antarctique

```
K T G E O G R A F I O H F C
O E K M O T N E N I T N O K
N M E O I C I D E P X E E H
S P S A C N E I C S J P H B
E E P B A O E B Z W T D Z A
R R L A L J O R E Ĉ A L G J
V A O L G H O Q A I S P N O
A T R E G B X J O L U S N I
D U I N J Z O I P H O G P D
O R S O O D A R G I M J G E
B O T J D E Y K C O R P U M
L S O U R S I O V Q A O E R
L A C O I F A R G O P O T K
L M E E B P E N I N S U L O
```

BAJO
BALENOJ
ESPLORISTO
KONSERVADO
KONTINENTO
AKVO
MEDIO
EXPEDICIO
GEOGRAFIO
GLACIO

GLAĈEROJ
INSULOJ
MIGRADO
MINERALOJ
BIRDOJ
PENINSULO
ROCKY
SCIENCA
TEMPERATURO
TOPOGRAFIO

71 - Professions #2

```
L D K D Y X Z Y G D P D B I
I E U N E O R W M A I E I L
N C R Y P T C X W J L N B U
G O A D Q S E R S O O T L S
V T C I J I L K J R T I I T
I S I V J T Y E T E O S O R
S I S O F O Z O L I F T T I
T U T T J F M G M N V O E S
O R O T S I R T N E P O C T
O T S I N E D R A Ĝ C N A O
X S K I R U R G O N G Y R Q
H N B I O L O G O I I R I F
Z I I N V E N T I N T O O U
A S T R O N A Ŭ T O Y C J N
```

ASTRONAŬTO
BIBLIOTECARIO
BIOLOGO
KIRURGO
DENTISTO
DETEKTIVO
INSTRUISTO
ILUSTRISTO
INĜENIERO

INVENTINTO
ĜARDENISTO
LINGVISTO
KURACISTO
PENTRISTO
FILOZOFO
FOTISTO
PILOTO

72 - Les Abeilles

```
F  Z  X  H  B  E  U  K  R  M  S  D  T  J
I  H  Q  A  T  Q  L  M  R  I  U  I  A  K
Z  V  A  B  F  L  O  R  O  E  N  V  Q  Ĝ
J  O  L  I  G  U  L  F  C  L  O  E  M  A
O  N  O  T  K  U  R  F  E  O  D  R  A  R
T  I  U  A  F  L  O  R  O  J  Y  S  N  D
N  Ĝ  O  T  K  E  S  N  I  S  B  E  Ĝ  E
A  E  M  O  M  R  A  V  S  U  M  C  O  N
L  R  N  W  H  E  A  Q  F  S  T  O  J  O
P  J  U  Q  W  L  F  I  L  U  Z  I  U  L
E  K  O  S  I  S  T  E  M  A  M  X  L  H
P  O  L  E  N  O  S  K  A  V  G  O  E  A
M  Q  D  Z  Y  J  A  K  L  F  D  B  B  G
U  G  V  V  U  U  J  O  J  D  V  K  A  N
```

FLUGILOJ	HABITATO
UTILA	INSEKTO
VAKSO	ĜARDENO
DIVERSECO	MIELO
SVARMO	MANĜO
EKOSISTEMA	PLANTOJ
FLORO	POLENO
FLOROJ	REĜINO
FRUKTO	ABELUJO
FUMO	SUNO

73 - Santé et Bien Être #2

```
A A R E T R O V O E G G T A
S P A L E R G I O C V E J N
A E E H I G I E N O G N E A
B L N T K A L O R I O E N T
P M C A I R L G E A L T E O
M H E R K T L N G F A I R M
N J A O R V O A I Q T K G I
A Z A K N L I S S E I O I O
D L P N D E M O Z E P D O A
K V J I A S D I O V S A U J
O Ĉ E R T S F A J W O R G J
R I N F E K T O S E H T L L
P P G M A S A Ĝ O V V U Q R
O M A L S A N O H T V N P T
```

ALERGIO
ANATOMIO
APETITO
KALORIO
KORPO
ENERGIO
GENETIKO
HOSPITALO
HIGIENO

INFEKTO
MALSANO
MASAĜO
NUTRADO
PEZO
RETROVO
SANA
SANGO
STREĈO

74 - Conduite

```
P  I  E  D  I  R  A  N  T  O  F  T  P  P
X  O  V  P  F  G  A  S  G  Z  R  R  R  E
U  O  O  D  U  N  K  L  F  I  W  A  S  R
M  L  J  F  E  O  C  I  L  O  P  F  E  M
M  A  O  E  L  Ĝ  I  U  J  L  T  I  K  E
D  O  P  J  O  A  D  X  H  E  Z  K  U  S
B  A  T  O  H  R  E  G  F  N  E  O  R  I
R  K  N  O  C  A  N  Y  H  U  E  H  E  L
E  A  A  Ĝ  R  G  T  X  F  T  V  S  C  O
M  M  Ŭ  F  E  C  O  R  O  T  O  M  O  Z
S  I  T  A  S  R  I  S  Y  B  B  E  J  A
O  O  O  Q  Y  Q  O  K  Y  N  V  N  E  G
J  N  K  H  Y  X  Q  H  L  W  V  A  R  J
M  O  R  A  P  I  D  O  S  O  C  D  R  X
```

AKCIDENTO   MOTORCIKLO
KAMIONO   PIEDIRANTO
FUELO   POLICO
MAPO   VOJO
DANĜERO   SEKURECO
BREMSOJ   TRAFIKO
GARAĜO   TUNELO
GAZO   RAPIDO
PERMESILO   AŬTO
MOTORO

75 - Plantes

```
I G D U K U V R H X L T G F
B B A M B U O A E N L X L O
J E X D O N E D R A Ĝ W A L
F E R H T K O I B S H K M I
L N R O S R B K O R O L F O
Y W T K U E R O R A B R A J
B Q U S B S A I B E R Q R I
T O V U R K D Y H R T C O P
G F T M A U L H H B S S L W
W X G A P A W J E F V V F B
C G M R N B U U D H Y U H Y
X N Z H W I B H E T E D K R
F A B O C K K Y R K A K T O
W P E T A L O O O E F L E S
```

ARBO	ARBARO
BERO	KRESKU
BAMBUO	FABO
BOTANIKO	HERBO
ARBUSTO	ĜARDENO
KAKTO	HEDERO
STERKO	MUSKO
FOLIOJ	PETALO
FLORO	RADIKO
FLORA	

76 - Ferme #2

```
L A M O I O O T K A L T Z O
S R D J H R Z T K L H R F S
O U T E S U I Y V H L I Z S
E T Q B A T A G D O J T K B
U A H R C L M F A E V I X W
E M Y E X U K R K D X K T T
Y G E H W K X U C R O O R M
A N S E R O J K L O J S A A
Ŝ Q X G M D O T E H E A C N
Y A A B S I T O G F N N T Ĝ
Z O F N H F S B O D E A O O
G H F O D A E X M N R Y R H
K T B Z S Ŝ B H O J G Z T J
O T Y B U N I T C L T P S E
```

ŜAFIDO   LEGOMO
KULTURO   MAIZO
BESTOJ   ŜAFO
TRITIKO   MATURA
ANASO   MANĜO
FRUKTO   ANSEROJ
GRENEJO   HORDEO
IRIGADO   HERBEJO
LAKTO   TRACTOR
LAMO

77 - Vacances #2

```
P D H O T E L O D N E T W D
A E I I I M Q P Q F O N F A
S S N R T C L A I O Ĝ A L P
P T S E G R A M I T A B Z L
O I U F O I A R G O J L T F
R N L T D V O J O J O H V J
T O O C A T I Y N T V B U D
O K K U M K S Z L O S C A M
S O L F U V K M A W L E Z M
F R E M D A A Q Y L Q V R A
V K R T N V T W B X M Z L R
O O P M E T R E B I L K P O
S O D A T R O P S N A R T G
F L U G H A V E N O V D I E
```

FLUGHAVENO
TENDUMADO
MAPO
DESTINO
FREMDA
HOTELO
INSULO
LIBERTEMPO
MARO
PASPORTO

FOTOJ
PLAĜO
RESTORACIO
TAKSIO
TENDO
TRAJNO
TRANSPORTADO
FERIO
VIZA
VOJAĜO

78 - Éthique

```
S H I Y N K I H R C Y R A U
V A S U P U N O E T E E K U
A M Ĝ Z G N T M S O H A C J
L X J O X L E A P P O L E O
O S E Q S A G R E T N I P F
R E N P Q B R O K I E S T P
O U M G O O E I T M S M E A
J F M H J R C F A I T O B C
D I G N O O O O V S E Q L I
K O M P A T O Z W M C N A E
M O M E R E L O T O O X P N
J A I T A M O L P I D H H C
Q O M S I U D I V I D N I O
R A C I E C O F O P K B V V
```

KOMPATO   PACIENCO
KUNLABORO   FILOZOFIO
DIGNO   AKCEPTEBLA
DIPLOMATIA   RACIECO
HONESTECO   RESPEKTA
HOMARO   REALISMO
INDIVIDUISMO SAĜO
INTEGRECO   TOLEREMO
OPTIMISMO   VALOROJ

79 - Temps

```
S P C J J O N J A M E S Z N
K Ŭ N K N P M U W Q E E P N
C A R O H F I D N S O H N N
P D L N L S N M O N A T O H
X L S E C R U O Y R X Y S O
F A Y T N I T T A G O H P R
E B T A F D O Z E M G A T L
J O T M U Ŭ A R E I H A H O
E A B P U B Y R E Y I N L Ĝ
J R D T Ŭ A I D O H T T L O
A T O C E T N O T S E A P S
R N S P G G C X K S P Ŭ O C
O K E D R A J B O T D L S M
J A R C E N T O N X A R T F
```

JARO
POST
HODIAŬ
ANTAŬ
BALDAŬ
KALENDARO
JARDEKO
ESTONTECO
HORA
HIERAŬ

HORLOĜO
TAGO
NUN
MATENO
TAGMEZO
MINUTO
MONATO
NOKTO
SEMAJNO
JARCENTO

80 - Maison

```
O T S E K V P L A F O N O Y
T E P B U W D T B A L A O F
N G E W R W U D A J T D A Q
E M G A T M Ŝ C N P T T P W
M E U A E F O R U M I D N K
G N L V N G A R A Ĝ O Ŝ L U
E T O J O R T S E N E F O I
T O O O J B T E B F I D N R
B I B L I O T E K O A I E E
U L G I I D S R T R E J D J
S A U S M R X P T B N B R O
R M Y O T O A G S M Z K A O
C P O L I P D B U A P U Ĝ O
E O O Ŝ O D C G X Ĉ D B B C
```

BALAO　　　　　　　　SUBTEGMENTO
BIBLIOTEKO　　　　　ĜARDENO
ĈAMBRO　　　　　　　LAMPO
FAJRO　　　　　　　　SPEGULO
ŜLOSILOJ　　　　　　MURO
BARILO　　　　　　　　PLAFONO
KUIREJO　　　　　　　PORDO
DUŜO　　　　　　　　　KURTENOJ
FENESTRO　　　　　　TAPIŜO
GARAĜO　　　　　　　TEGMENTO

81 - Légumes

```
K K O L E S O R T E P Q J K
K U O K O Ŝ I T R A I O O U
A K T R A F A N O S Z C L K
J U Y J B T I Y G L O O I U
L M D K T D V F N H L T V R
O O L O K O R B U E A A O B
C P T E O U Y M F E D M H O
T D E O T O R A K L Y O O S
M L V C S A L A T O U T O R
M E L A N Z O R B I G N I Z
B U R N F O P U A P I W H H
Q C Q I T Z N M N D Q Z O
R B L P R A P O I R E L E C
S A V S J B O X L G A Z J M
```

AJLO	SPINACO
ARTIŜOKO	ZINGIBRO
MELANZO	RAPO
BROKOLO	CEPO
KAROTO	OLIVO
CELERIO	PETROSELO
FUNGO	PIZO
KUKURBO	RAFANO
KUKUMO	SALATO
SHALLOT	TOMATO

82 - Famille

```
U  B  Q  U  P  Y  C  D  V  G  P  I  P  O
F  H  M  I  J  A  N  I  R  T  A  P  R  F
I  N  F  A  N  O  T  S  Y  F  T  I  A  R
J  N  P  R  Y  Z  K  R  R  R  R  N  P  A
K  W  B  T  A  D  R  B  O  A  I  F  A  T
A  V  O  A  D  E  U  Q  N  T  N  A  T  O
V  N  A  P  I  C  H  A  I  I  O  N  R  N
O  N  K  L  O  N  E  G  Z  N  N  O  O  I
A  P  F  B  Z  R  F  G  D  O  I  J  N  L
E  V  X  H  U  C  T  A  E  T  V  L  I  I
Z  Q  I  J  K  G  N  J  N  E  W  L  F
J  D  G  N  W  B  E  Y  P  A  N  L  K  I
T  C  Y  Y  O  N  V  G  A  D  Ĝ  O  N  Q
U  B  X  V  C  G  O  O  B  V  E  O  O  H
```

PRAPATRO	EDZO
KUZO	PATRINA
INFANAĜO	PATRINO
INFANO	NEVO
INFANOJ	NEVINO
EDZINO	ONKLO
FILINO	PATRA
FRATO	PATRO
AVINO	FRATINO
AVO	ONKLINO

83 - Oiseaux

```
D G L E H P Y M M Y J Y C K
B I Q Q M O N E V G N I P M
K O L O M B O V K O K I D O
K O L B D B H O I N O K I C
I V F O N A K I L E P E S T
A O E Q K X M K O R V O T O
O N J Q E U C A G U P N R U
V S S G Q H K P N C U G U C
G C O E D R A A I P M I T A
A G L O R F T S M I A C O N
A N A S O O A E A X U V Q W
P A P A G O H R L T O U O G
R A T P S K F O F Y Q F X C
N K D W F S X Q Z M Z O O G
```

AGLO	PINGVENO
STRUTO	PASERO
ANASO	MEVO
CIKONIO	OVO
KOLOMBO	ANSERO
KORVO	PAVO
KUKOLO	PAPAGO
CIGNO	PELIKANO
FLAMINGO	KOKIDO
ARDEO	TOUCAN

84 - Disciplines Scientifiques

```
F B A I V A L B R V G S M U
I I N C M C D O Q W E O E R
Z O A H D S H T X H O C T A
I K T H Y P M A I J L I E S
O E O R Y K Z N X D O O O T
L M M V S N P I E Y G L L R
O I I C O J I K D D I O O O
G O O I G O L O I B O G G N
I A R K E O L O G I O I I O
O K I N A K E M K W L O O M
S O I G O L O R U E N B O I
I M U N O L O G I O M Q S O
E K O L O G I O A W H I A C
P S I K O L O G I O P F O R
```

ANATOMIO	GEOLOGIO
ARKEOLOGIO	IMUNOLOGIO
ASTRONOMIO	MEKANIKO
BIOKEMIO	METEOLOGIO
BIOLOGIO	NEUROLOGIO
BOTANIKO	FIZIOLOGIO
KEMIO	PSIKOLOGIO
EKOLOGIO	SOCIOLOGIO

85 - Univers

```
L O B R Y F V O O B J V Q S
A O R F V O K I B O H S X I
T Ĉ H B S U O S D R O K U T
I I W V I F T K A E K M N E
T E W O E T N A S F B B I L
U L W O A H O L T S L L K E
D A N U S X Z A E I U J E S
O V G X O Q I G R M N Y J K
E K V A T O R O O E O A T O
S O A A T L O J I H X Z D P
P Y C Q M P H X D K O L Y O
U X N B X S Y T O Ĉ I E L O
M A L L U M O C I T S L O S
Z O D I A K O K U F G E G F
```

ASTEROIDO   LUNO
ĈIELA   MALLUMO
ĈIELO   ORBITO
KOSMA   SUNA
EKVATORO   SOLSTICO
GALAKSIO   TELESKOPO
HEMISFERO   VIDEBLE
HORIZONTO   ZODIAKO
LATITUDO

86 - Géographie

```
S T A M K O R E F S I M E H
U E T E K O K M O N T O P X
D R L R O P N C N O R D O W
O I A I S A P T I E K N R Q
B T S D N M W M I D H A A K
R O O I Y U L E O N E L M G
U R H A B H G T R N E N U U
R I R N O C E A N O D N T R
I O O O N O I G E R I O T O
V L A T I T U D O H P C Z O
E U W Z P M N M T L O E I T
R S Y S Q R O P Z H I T X E
O N Y Z Z F N I B B H L J D
A I T T Z V X E B I F A F A
```

ALTECO   MONDO
ATLASO   MONTO
MAPO   NORDO
KONTINENTO   OCEANO
RIVERO   OKCIDENTO
HEMISFERO   LANDO
INSULO   REGIONO
LATITUDO   SUDO
MARO   TERITORIO
MERIDIANO   URBO

87 - Danse

```
A M I R P S E L K P T D F R
R N J S B K M D O E W E X I
T C P Z I U Ĝ O R C R A W T
O P A O N L O N E T N I S M
O D T P J T J S G U P C K O
V J A O H U A K R A A I U K
J A O V O R P O A M R D L L
A Y O G O O P I F U T A T A
Z Y I L P M S M I Z N R U S
Y N Q G R A C E O I E T R I
R V L J O D C D Q K R C A K
L V Y G K H Z A G O O P D A
E M O C I O M K F B P C I C
F G Y U R M I A R X L D V U
```

AKADEMIO
ARTO
KOREGRAFIO
KLASIKA
KORPO
KULTURO
KULTURA
ESPRIMA
EMOCIO
GRACE

ĜOJA
MOVADO
MUZIKO
PARTNERO
SINTENO
PROVO
RITMO
TRADICIA
VIDA

88 - Bâtiments

```
G H O S P I T A L O G A T O
A R L J O D G T F J A M E B
K P E O O E Z U M E R B A S
J A A N L T D F T N A A T E
J Y S R E K K C D R Ĝ S R R
C K S X T J T Y B E O A O V
Y R H I O A O U E L I D N A
W U L X H K M A R L D O I T
J K A B A N O E X O A J K O
T E N D O E K F N N T Q X R
Y N E S H Z O L E T S A K I
U Z I N O O O E L Z O E H O
S U P E R B A Z A R O I Z G
U N I V E R S I T A T O Y Y
```

AMBASADO
APARTAMENTO
KABANO
KASTELO
KINO
LERNEJO
GARAĜO
GRENEJO
HOSPITALO
HOTELO

MUZEO
OBSERVATORIO
STADIO
SUPERBAZARO
TENDO
TEATRO
TURO
UNIVERSITATO
UZINO

89 - Livres

```
H G P H O T N O K A R Z O L
R I T B A V U O P S G N M I
A A S Y E Q E T V P O U R T
G K F T P P I L D D T B A E
E I V V O D N P E O K F K R
P G R F P R U O I R E S O A
O A Z U E O I M N U L P N T
T R Ĝ D Q M B A V T O O T U
N T Y O C E U D E N K E A R
A Ŭ T O R O C V N E F Z N A
G N I J K P D Z T V C I T W
E C R O M A N O A A V O O I
L T B Q E T M H U M U R A N
K U N T E K S T O N S Y F N
```

AŬTORO
AVENTURO
KOLEKTO
KUNTEKSTO
DUECO
EPOPEA
RAKONTO
HISTORIA
HUMURA
INVENTA

LEGANTO
LITERATURA
RAKONTANTO
PAĜO
RELEVO
POEMO
POEZIO
ROMANO
SERIO
TRAGIKA

90 - Pays #2

```
W S U K R A I N I O P D I I
C O I N A B L A U V W O R N
R M J A M A J K O E L C L D
Q A R O A U I E E O U P A O
K L S U K O U G A N D O N N
O I S U R S I R I O J N D E
J O S S D O P Z Q J A A O Z
H A K J D A I R J N O B W I
A Q P P K L N N P E L I F O
I Q D A F N D O N K J L F Q
T O H D N P A K I S T A N O
I L C F Y I U G C N W W Y Y
O I N I Ĉ W O I C N A R F P
W O O M E K S I K O Z D F B
```

ALBANIO
ĈINIO
DANIO
FRANCIO
HAITIO
INDONEZIO
IRLANDO
JAMAJKO
JAPANIO
KENJO

LAOSO
LIBANO
MEKSIKO
UGANDO
PAKISTANO
RUSIO
SOMALIO
SUDANO
SIRIO
UKRAINIO

91 - Fournitures d'Art

```
V O A F Q O E L O V G F F T
Z O K I L I R K A M Q N O A
C Ĝ V A I I E E A K V O T B
I E A G Z Q S W P F N B I L
H S R U A I A C N A J R L O
B H E D J R R N S C P O O S
K K L J O L E T S A P S H H
R I O B R A K C R I Z O E S
A H J O R O L O K I T J Q D
J L S H M I Q J A R G I L O
O K M E O G L U O I N K O G
N I Q S J H O V A E R K U Y
O L B A T S E Q B V D I U T
J D C E Y J J U G H Q I X Z
```

AKRILIKO
AKVARELOJ
ARGILO
BROSOJ
FOTILO
SEĜO
KARBO
ESTABLO
GLUO
KOLOROJ

KRAJONOJ
KREAVO
AKVO
INKO
ERASER
OLEO
IDEOJ
PAPERO
PASTELOJ
TABLO

92 - Jazz

```
K X Y F O K I Z U M A I T B
I H A V Z E A A N W O R D K
B S B L A V O N L B U R O K
D E B M F J O O T B R B Z O
A J N V M O R Z A O U F I M
K O N C E R T O R K K M V P
V T P S N U S L T I G M O O
A A S T E B E I I N M A R N
R T F O A M K T S K R L P A
O A D X O A R S T E I N M D
X Ŝ Z N C T O I O T T O I O
K O M P O N I S T O M V I J
Z X Q G F A M A J F O A U V
A T A L E N T O Z R W N R K
```

EMFAZO	IMPROVIZO
ALBUMO	MUZIKO
ARTISTO	NOVA
FAMA	ORKESTRO
KANTO	RITMO
KOMPONISTO	STILO
KOMPONADO	TALENTO
KONCERTO	TAMBUROJ
ŜATATOJ	TEKNIKO
VARO	MALNOVA

93 - Paysages

```
Y O G A L W D I K G D O T J
G L A C E R O Ĉ R A M C U L
R A S Q P N G Ĝ N T R E N A
S F D G N O R D A X Y A D T
M O Z A O T E U E L T N R S
K V D M D Q B Z V Z P O O S
W K X O N R E V A K E R F T
I A D U B N C S V B O R W U
N M S F L J A G O L F O T C
S Q O L A V L E O T J Z L O
U P R N I Q G R I V E R O D
L N A O T P E N I N S U L O
O N M B J O V G E J S E R O
V U L K A N O Z E R R D I U
```

AKVOFALO
DEZERTO
RIVERO
GEJSERO
GLACERO
GOLFO
KAVERNO
GLACEBERGO
INSULO
LAGO

MARĈO
MARO
MONTO
OAZO
OCEANO
PENINSULO
PLAĜO
TUNDRO
VALO
VULKANO

94 - Pays #1

```
F Q O N I T N E G R A N N B
T J I O P A N A M O Z I N R
P K B D G Y W B Y P H K V A
M O I N A G F A N A U A S Z
A I L A S S E O L E A R S I
L G M L T N O T O B K A F L
I E A N A G R G G A A G I O
O V R N L N O A E R N V L I
I R O I J A D S R A A O I N
N O K F J E A O M T D N P A
A N O X G J V N A O O E I P
M W J O H J K G N K G X N S
U H Q X C H E Z I E B U O I
R R L D A X M S O E K L J H
```

AFGANIO   LIBIO
GERMANIO   MALIO
ARGENTINO MAROKO
BRAZILO   NIKARAGVO
KANADO   NORVEGIO
HISPANIO   PANAMO
EKVADORO FILIPINOJ
FINNLANDO POLLANDO
BARATO   RUMANIO
ISRAELO

95 - Nombres

```
K M R D T J N K D D S C D D
G V L S E S U B E E U C E U
T R I U O K L N K K B S C D
D R S O K U I D N P A I E
D E I U O I X V U A E S M K
E R K D E K O K A Ŭ D U A L
K U C K T V R X P R O A L U
P X R C V R V U E S K A A F
O Z M U D I G C W X K V W G
D E K T R I N A D I N I A C
D E K S E S S H Y T A V S R
Q A I G V Z E Q R Q Ŭ A R T
T M G B I V P E S K E D D D
V D L V R X N K I D Z Y D P
```

KVIN
DU
DECIMALA
DEK
DEK OK
DEK NAŬ
DEK SEP
DEK DU
OK
NAŬ

DEK KVAR
KVAR
DEK KVIN
DEK SES
SEP
SES
DEK TRI
TRI
DUDEK
NUL

96 - Psychologie

```
P E N S O J O Ĝ N O S O O N
K L I N I K A O K J A C M O
M K Z A I C S N O K N E S M
U J O T R E P S N T L N I U
T I C N S H Y V D T J O O M
E Z Y R F D L N U Y P S G O
J M U M W L R X T Q O R E O
E O O X N F I K O T Ĝ E G M
V U L C Y M H K O K A P P E
Z J A Y I Q C R T I N K G L
I D E O J O M L N O A V S B
T X R O Q G J S E L F C C O
P E R C E P T O S R N J K R
S U B K O N S C I A I X J P
```

KLINIKA
KONDUTO
KONFLIKTO
EGOISMO
INFANAĜO
SPERTOJ
EMOCIOJ
TAKSO
IDEOJ
SENKONSCIA

PENSOJ
PERCEPTO
PERSONECO
PROBLEMO
NOMUMO
REALO
SONĜOJ
SENTO
SUBKONSCIA

97 - Nature

```
T N I E S E R E N A L D I D
H E Y R F O L I O J M I T I
R B E O B U K W L P D T W N
A U F Z S E A C D P L N U A
B L V I G T L R I F U Ĝ O M
E O O O H L Z E Q V L V R I
L N R Y X J A F C H L K E K
O R A B R A T C U O R C V A
J O T N O M V U E J Y U I I
D O T R E Z E D A R F E R F
A W B A A R K T O E O D P T
Z Q U U B E S T O J K P A S
V M U B N J P A C A J W W W
S O V A Ĝ A K I P O R T Y Y
```

ABELOJ
BESTOJ
ARKTO
BELECO
NEBULO
DEZERTO
DINAMIKA
EROZIO
FOLIOJ
RIVERO

ARBARO
GLACERO
MONTOJ
NUBOJ
PACA
RIFUĜO
SOVAĜA
SERENA
TROPIKA

98 - Chimie

```
O N O R T K E L E J O N O G
N K U Q W Q Q E O B Q Z Q M
O I S Y W I U W N V J W E F
B U N I D T G A C I D O M P
R M W O G A U K O I Y G E Q
A O L U K E L O M O N A T N
K I W N Q L N R R X C F A A
L I K V A K N O A L A K L A
L E Z A B U S L V T H F O L
P X J X Z N S K F U O Q J Q
H I D R O G E N O C V M T P
E N Z I M O O S A L O Z A G
K A T A L I Z I L O X D A C
M T E M P E R A T U R O R I
```

ACIDO	HIDROGENO
ALKALA	JONO
ATOMA	LIKVA
KARBONO	METALOJ
KATALIZILO	MOLEKULO
VARMO	NUKLEA
KLORO	OKSIGENO
ENZIMO	PEZO
ELEKTRONO	SALO
GAZO	TEMPERATURO

99 - Bateaux

```
K Y J M K B D R F J M N F V
F I N A O P I K S O C G C E
S F G H N T E C Q F W F O L
N P W H A R O E X W X P Z Ŝ
D H R B E D T R Z R W U G I
B S S O C R S A O T S A M P
E S H J O U I M U M Y P W O
V O R K N A R A B W I L N X
I T D A O G A L Ŝ N U R O D
K Ĉ M J N N M K A N U O P F
S A E A T X D M J L F Y F L
L J X K L N C O R E V I R O
V T D O R A M E J Y B Y N S
N A Ŭ T I K A S U V V K C O
```

ANKRO
BUO
KANUO
ŜNURO
SKIPO
PRIMO
RIVERO
KAJAKO
LAGO
MARISTO

MARE
MASTO
MARO
MOTORO
NAŬTIKA
OCEANO
FLOSO
ONDOJ
VELŜIPO
JAĈTO

100 - Mesures

```
Z C M K K Z F F K Z N S P P
G L A O R T E M I T N E C R
R Z S U C L P Y L J R K I O
A W O T U N I M O N U T J F
D I H R P X W W G L H L Q U
O C N U T E H H R S I K I N
L O N G O E Z D A C Y T P D
L A R Ĝ O V M O M B F E R O
C O L O A Z N N O E Z Q J O
B M T I L K I L O M E T R O
A U Z L T D E C I M A L A N
J L J Y O W S P H R T P Z W
T O G R A M O S V J C L L X
O V Y U U N D J F B I H I Y
```

CENTIMETRO	MASO
GRADO	METRO
DECIMALA	MINUTO
GRAMO	BAJTO
ALTO	UNCO
KILOGRAMO	PEZO
KILOMETRO	COLO
LARĜO	PROFUNDO
LITRO	TUNO
LONGO	VOLUMO

1 - Adjectifs #2

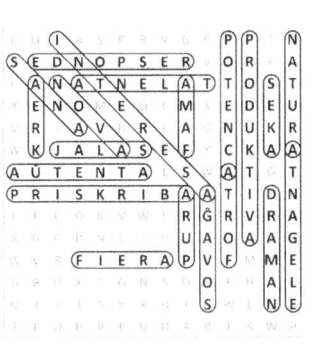

2 - Formes

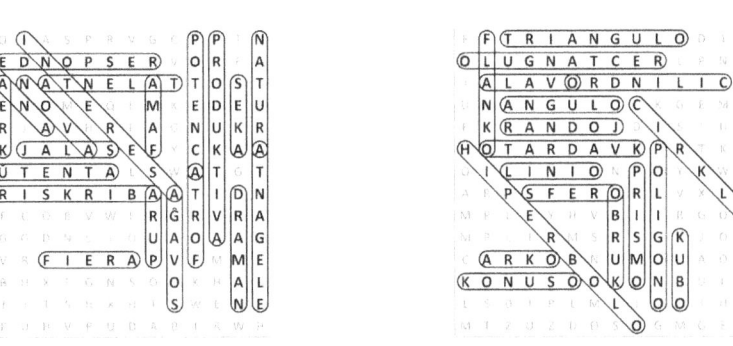

3 - Force et Gravité

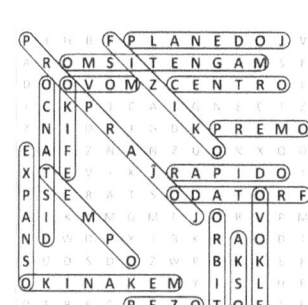

4 - Adjectifs #1

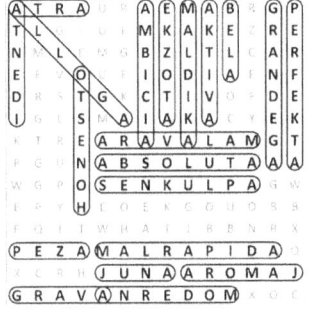

5 - Herboristerie

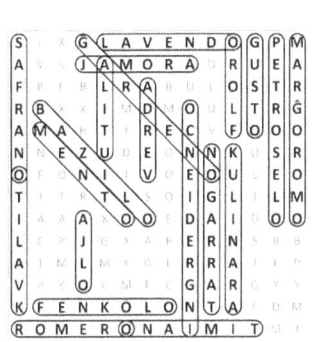

6 - Véhicules

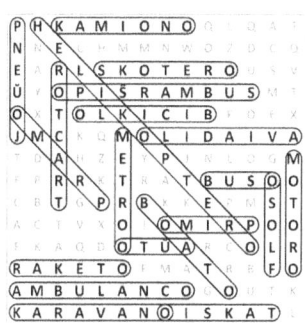

7 - Camping

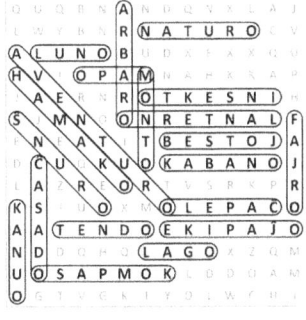

8 - Écologie

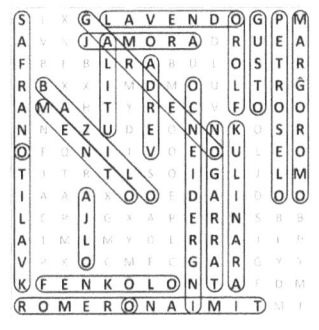

9 - Géométrie

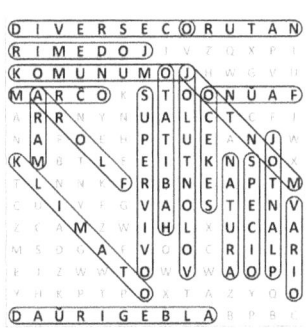

10 - Les Médias

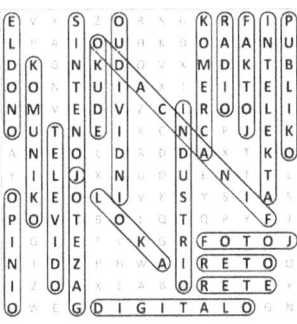

11 - Philanthropie

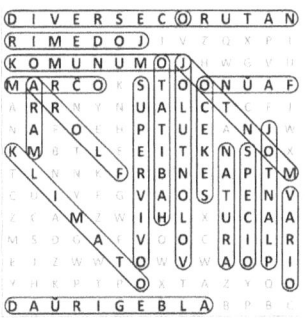

12 - Diplomatie

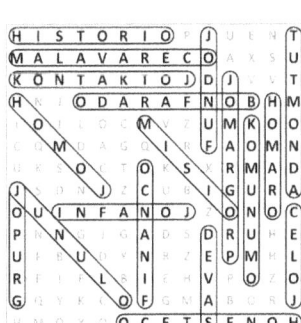

13 - Électricité

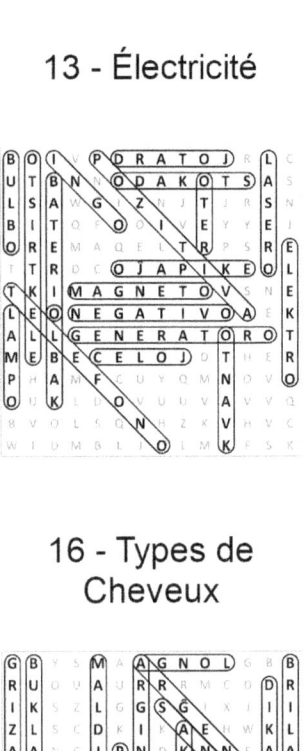

14 - Astronomie

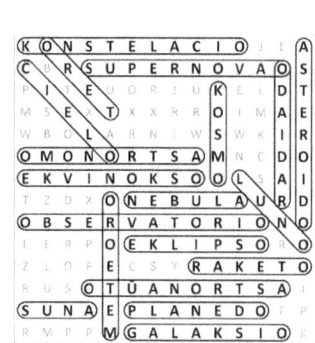

15 - Physique

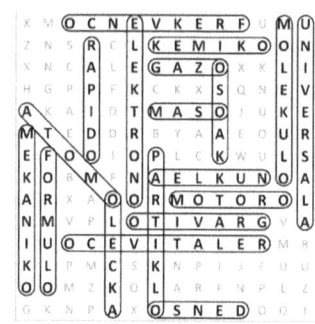

16 - Types de Cheveux

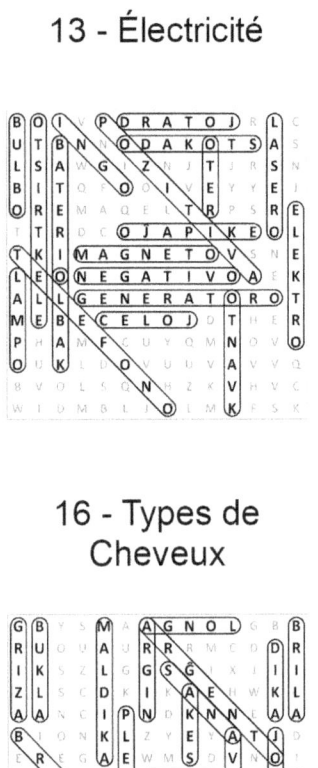

17 - Archéologie

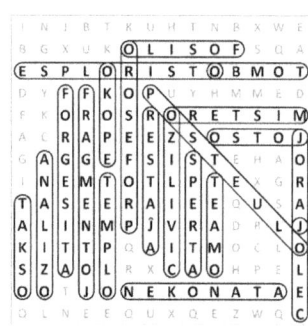

18 - Mammifères

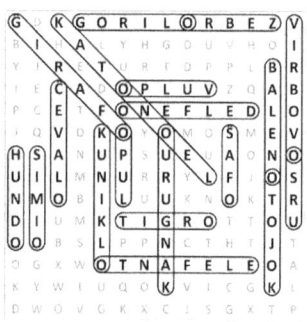

19 - Chocolat

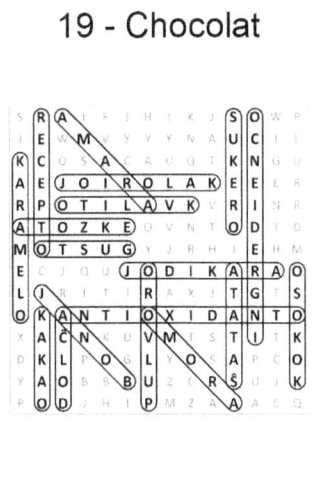

20 - Mathématiques

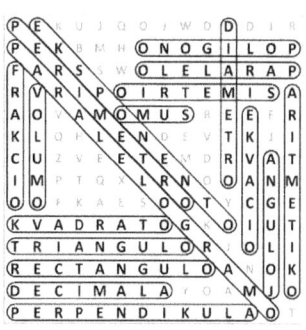

21 - Mythologie

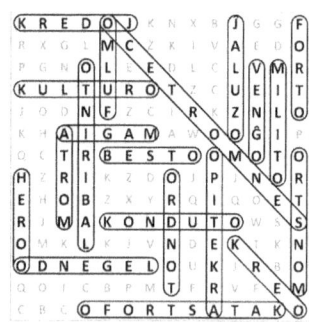

22 - Restaurant #2

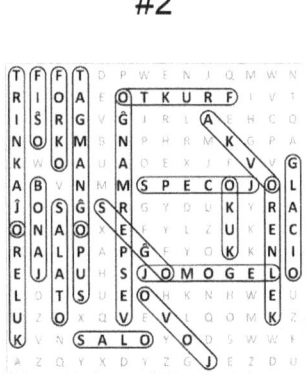

23 - Beauté

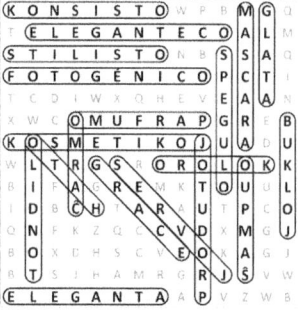

24 - Avions

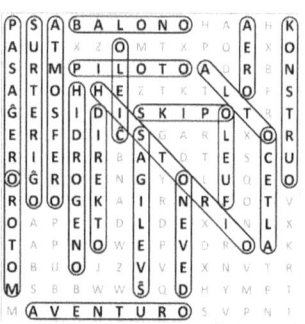

25 - Aventure

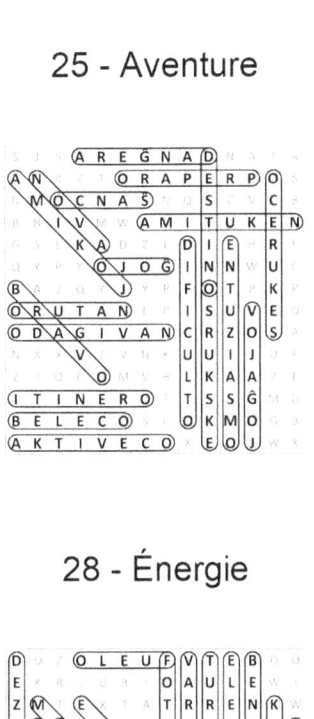

26 - Ville

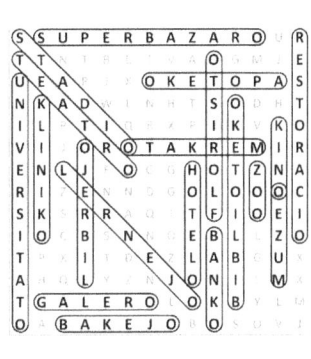

27 - Ingénierie

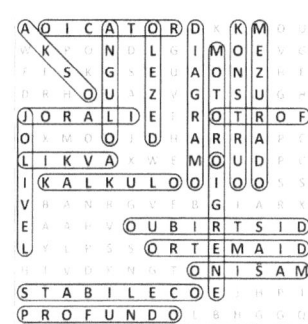

28 - Énergie

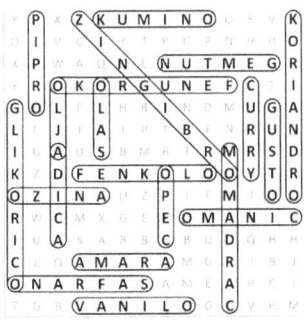

29 - Cuisine

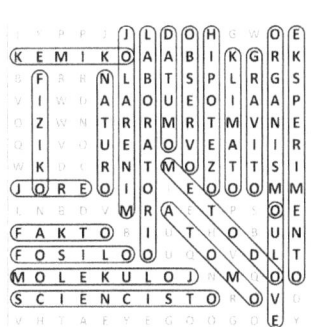

30 - Corps Humain

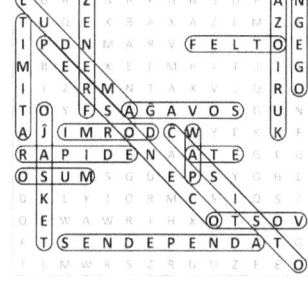

31 - Épices

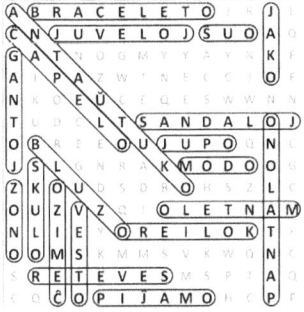

32 - Science

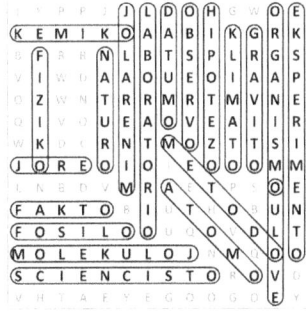

33 - Chats

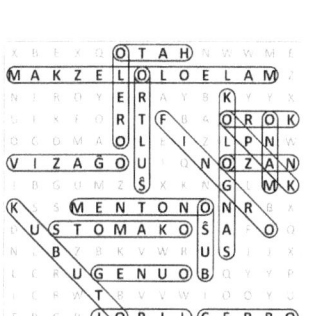

34 - Vêtements

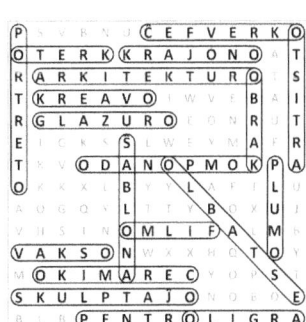

35 - Arts Visuels

36 - Méditation

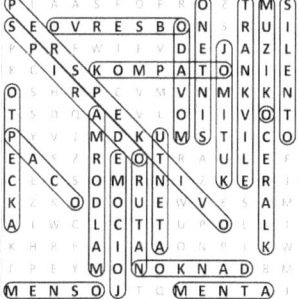

37 - Littérature

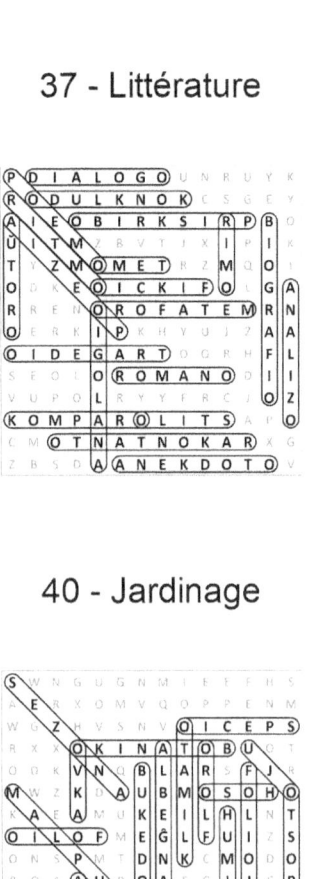

38 - Nourriture #1

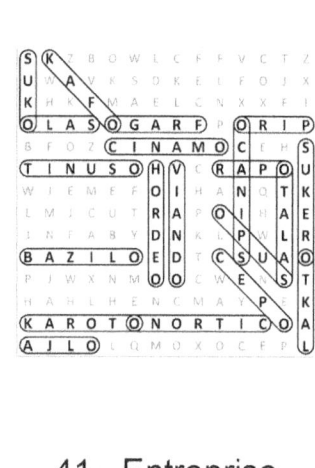

39 - Jours et Mois

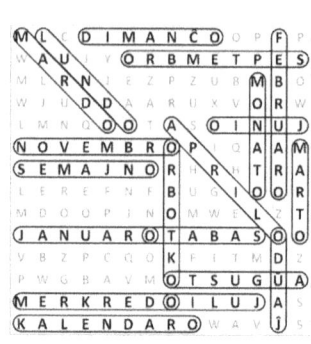

40 - Jardinage

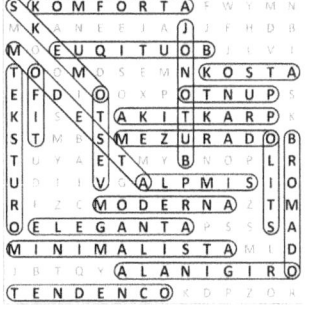

41 - Entreprise

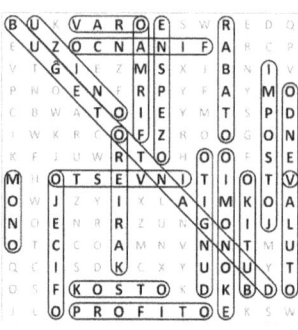
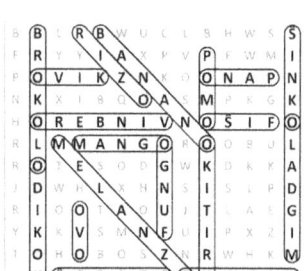

42 - Activités

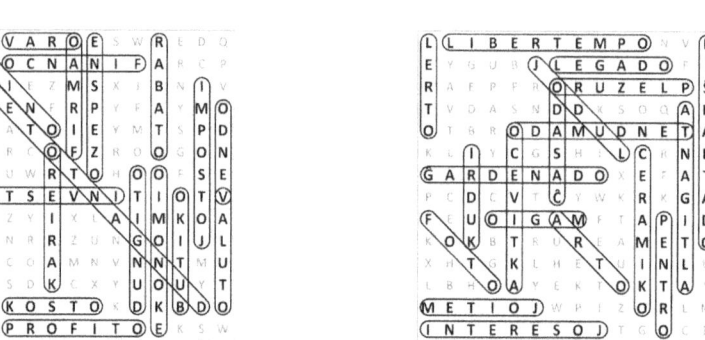

43 - Mode

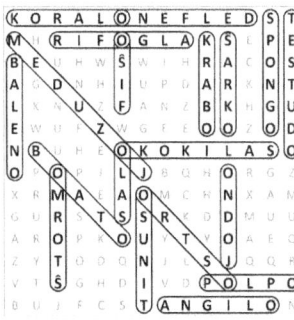

44 - Nourriture #2

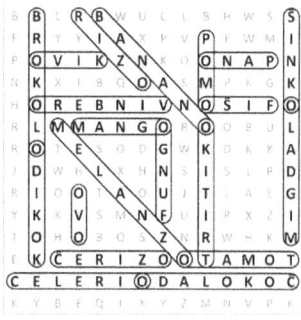

45 - Algèbre

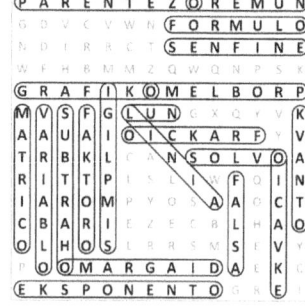

46 - Océan

47 - Antiquités

48 - Boxe

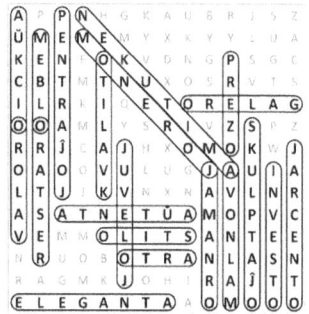
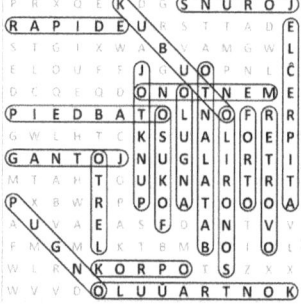

49 - Ballet

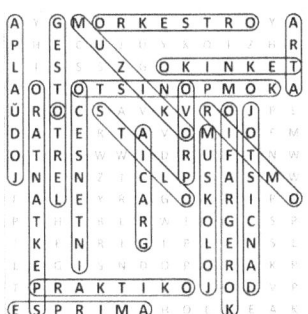

50 - Fruit

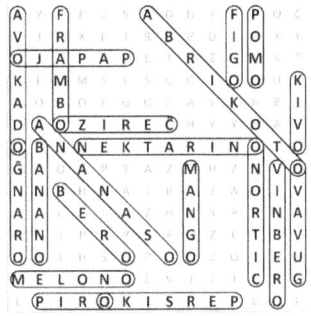

51 - Musique

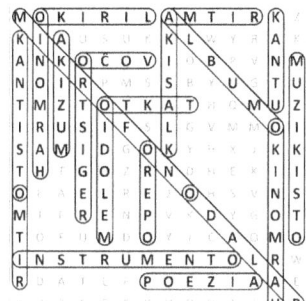

52 - Météo

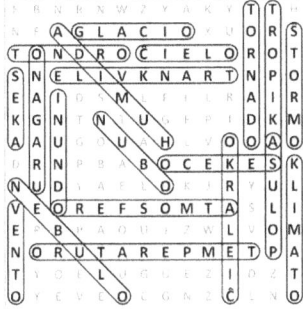

53 - L'Entreprise

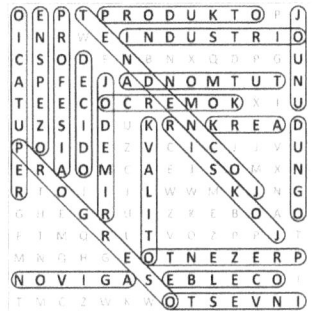

54 - Gouvernement

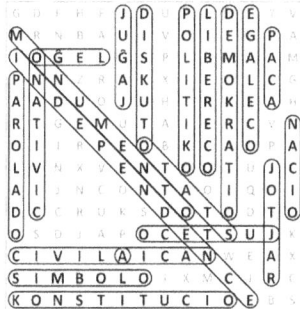

55 - Randonnée

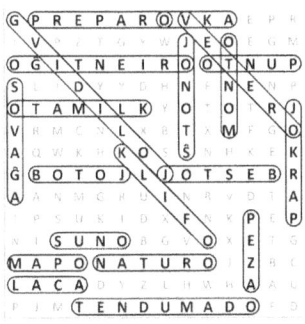

56 - Art

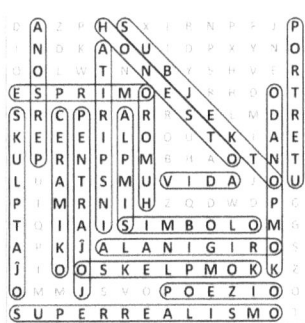

57 - Nutrition

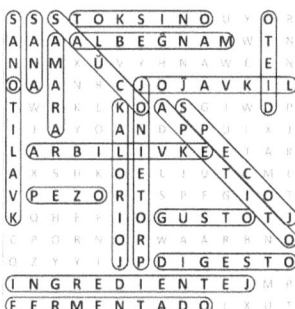

58 - Créativité

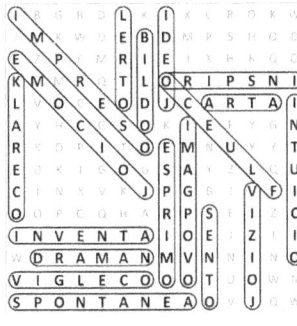

59 - Science Fiction

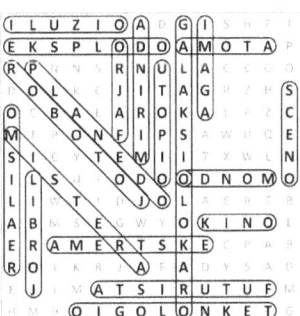

60 - Professions #1

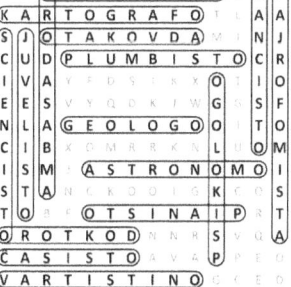

61 - Géologie

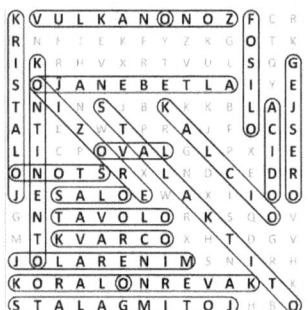

62 - Cirque

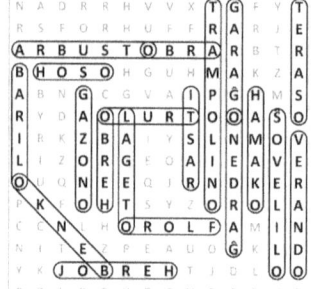

63 - Jardin

64 - Santé et Bien Être #1

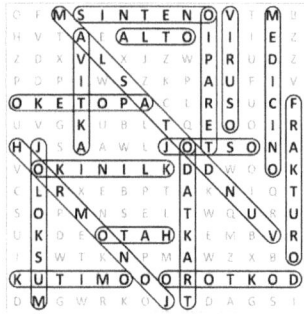

65 - Barbecues

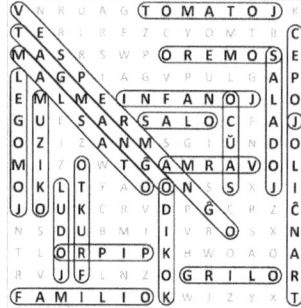

66 - Animaux de Compagnie

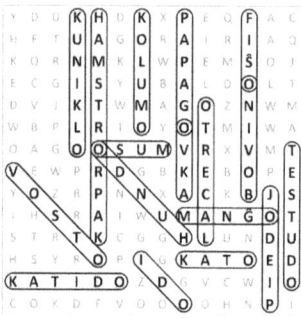

67 - Forêt Tropicale

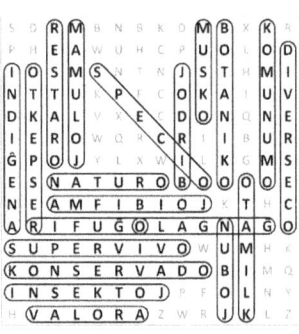

68 - Ferme #1

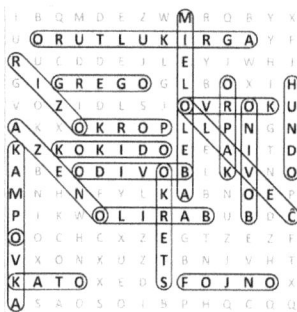

69 - Escalade

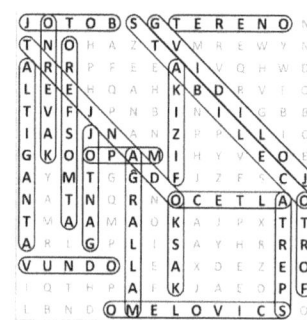

70 - Antarctique

71 - Professions #2

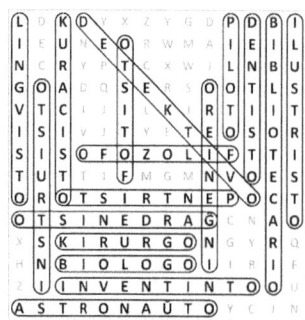

72 - Les Abeilles

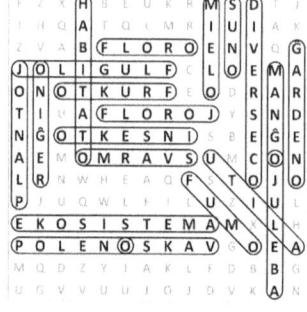

73 - Santé et Bien Être #2

74 - Conduite

75 - Plantes

76 - Ferme #2

77 - Vacances #2

78 - Éthique

79 - Temps

80 - Maison

81 - Légumes

82 - Famille

83 - Oiseaux

84 - Disciplines Scientifiques

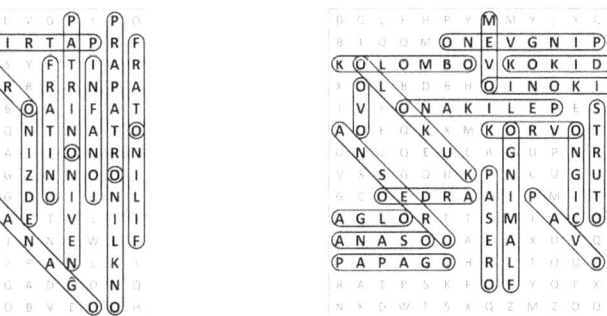
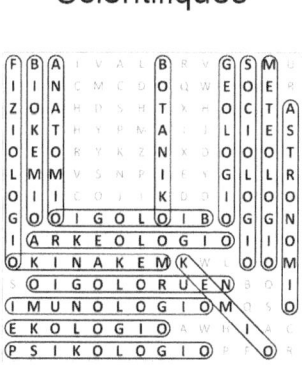

85 - Univers

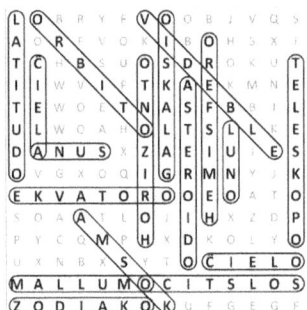

86 - Géographie

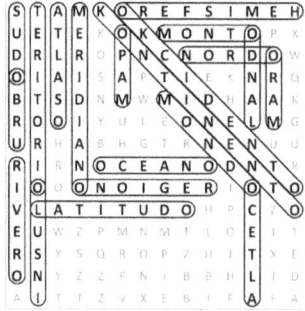

87 - Danse

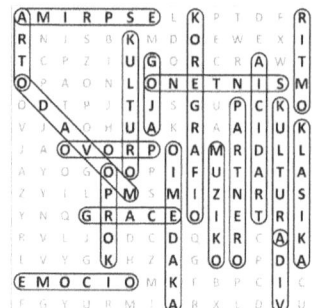

88 - Bâtiments

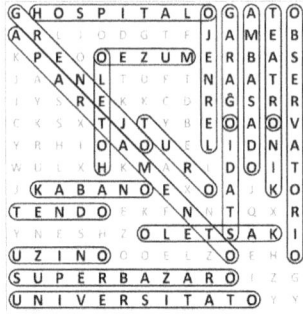

89 - Livres

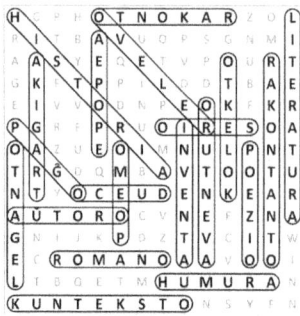

90 - Pays #2

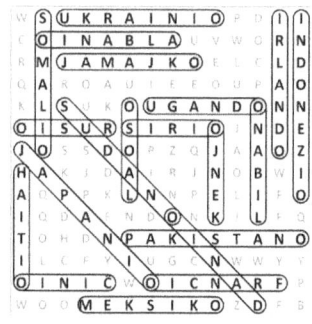

91 - Fournitures d'Art

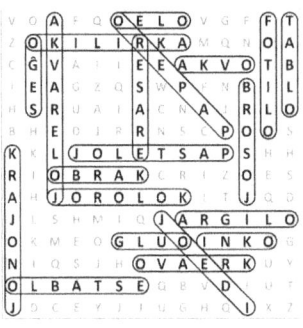

92 - Jazz

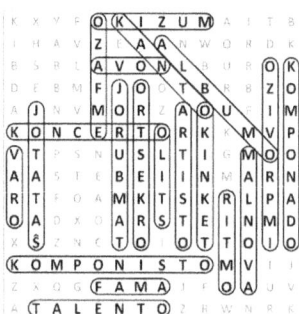

93 - Paysages

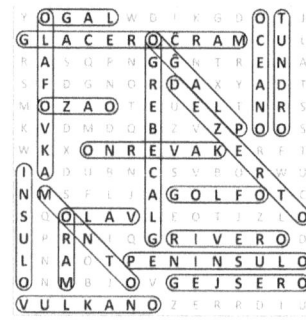

94 - Pays #1

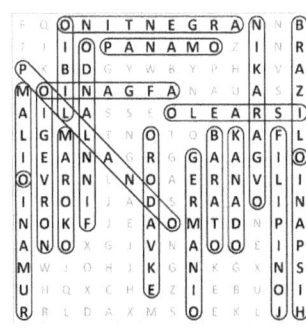

95 - Nombres

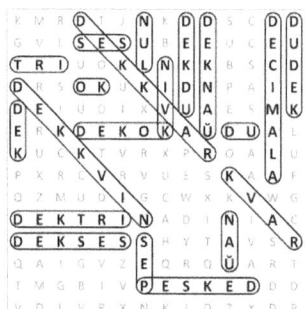

96 - Psychologie

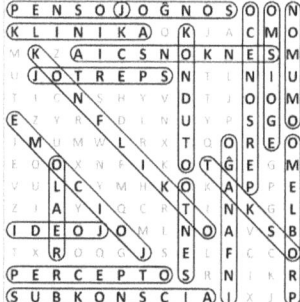

97 - Nature

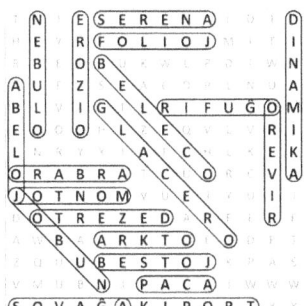

98 - Chimie

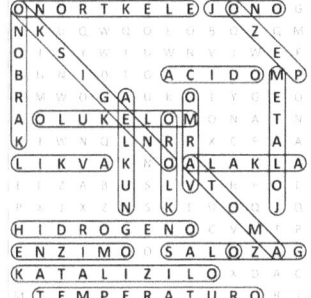

99 - Bateaux

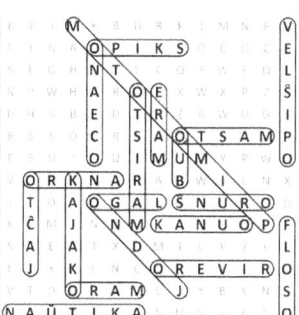

100 - Mesures

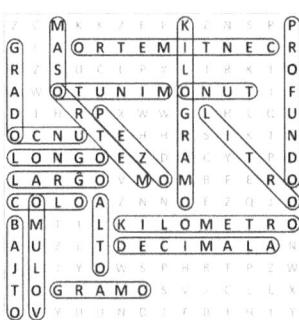

Dictionnaire

Activités
Agadoj

Activité	Aktiveco
Art	Arto
Artisanat	Metioj
Camping	Tendumado
Céramique	Ceramiko
Chasse	Ĉasado
Compétence	Lerto
Couture	Kudri
Intérêts	Interesoj
Jardinage	Ĝardenado
Jeux	Ludoj
Lecture	Legado
Loisir	Libertempo
Magie	Magio
Peinture	Pentro
Pêche	Fiŝkaptado
Photographie	Foto
Plaisir	Plezuro
Randonnée	Altiganta
Relaxation	Malstreĉiĝo

Adjectifs #1
Adjektivoj #1

Absolu	Absoluta
Actif	Aktiva
Ambitieux	Ambicia
Aromatique	Aromaj
Artistique	Arta
Attractif	Alloga
Beau	Bela
Exotique	Ekzota
Énorme	Grandega
Généreux	Malavara
Honnête	Honesto
Identique	Identa
Important	Grava
Innocent	Senkulpa
Jeune	Juna
Lent	Malrapida
Lourd	Peza
Mince	Maldika
Moderne	Moderna
Parfait	Perfekta

Adjectifs #2
Adjektivoj #2

Authentique	Aŭtenta
Célèbre	Fama
Créatif	Krea
Descriptif	Priskriba
Doué	Talenta
Dramatique	Draman
Élégant	Eleganta
Fier	Fiera
Fort	Forta
Intéressant	Interesa
Naturel	Natura
Nouveau	Nova
Productif	Produktiva
Puissant	Potenca
Pur	Pura
Responsable	Responde
Sain	Sana
Salé	Salaj
Sauvage	Sovaĝa
Sec	Seka

Algèbre
Algebro

Diagramme	Diagramo
Exposant	Eksponento
Équation	Ekvacio
Facteur	Faktoro
Faux	Falsa
Formule	Formulo
Fraction	Frakcio
Graphique	Grafiko
Infini	Senfine
Linéaire	Linia
Matrice	Matrico
Nombre	Numero
Parenthèse	Parentezo
Problème	Problemo
Quantité	Kvanto
Simplifier	Simpligi
Solution	Solvo
Soustraction	Subtraho
Variable	Variablo
Zéro	Nul

Animaux de Compagnie
Dorlotbestoj

Chat	Kato
Chaton	Katido
Chèvre	Kapro
Chien	Hundo
Chiot	Ido
Collier	Kolumo
Eau	Akvo
Hamster	Hamstro
Lapin	Kuniklo
Lézard	Lacerto
Nourriture	Manĝo
Pattes	Piedoj
Perroquet	Papago
Poisson	Fiŝo
Queue	Vosto
Souris	Muso
Tortue	Testudo
Vache	Bovino
Vétérinaire	Veterinaro

Antarctique
Antarkto

Baie	Bajo
Baleines	Balenoj
Chercheur	Esploristo
Conservation	Konservado
Continent	Kontinento
Eau	Akvo
Environnement	Medio
Expédition	Expedicio
Géographie	Geografio
Glace	Glacio
Glaciers	Glaĉeroj
Îles	Insuloj
Migration	Migrado
Minéraux	Mineraloj
Oiseaux	Birdoj
Péninsule	Peninsulo
Rocheux	Rocky
Scientifique	Scienca
Température	Temperaturo
Topographie	Topografio

Antiquités
Antikvaĵoj

Art	Arto
Authentique	Aŭtenta
Bijoux	Juveloj
Décoratif	Ornamaj
Enchères	Aŭkcio
Élégant	Eleganta
Galerie	Galero
Inhabituel	Nekutima
Investissement	Investo
Meubles	Meblo
Peintures	Pentraĵoj
Pièces	Moneroj
Prix	Prezo
Qualité	Kvalito
Restauration	Restaro
Sculpture	Skulptaĵo
Siècle	Jarcento
Style	Stilo
Valeur	Valoro
Vieux	Malnova

Archéologie
Arkeologio

Analyse	Analizo
Années	Jaroj
Chercheur	Esploristo
Civilisation	Civilizo
Descendant	Posteulo
Expert	Sperta
Ère	Epoko
Équipe	Teamo
Évaluation	Takso
Fossile	Fosilo
Fragments	Fragmentoj
Inconnu	Nekonata
Mystère	Mistero
Objets	Celoj
Os	Ostoj
Oublié	Forgesita
Professeur	Profesoro
Relique	Restaĵa
Temple	Templo
Tombe	Tombo

Art
Arto

Céramique	Ceramiko
Complexe	Komplekso
Composition	Komponado
Dépeindre	Portretu
Expression	Esprimo
Honnête	Honesto
Humeur	Humoro
Inspiré	Inspirita
Original	Originala
Peintures	Pentraĵoj
Personnel	Persona
Poésie	Poezio
Sculpture	Skulptaĵo
Simple	Simpla
Sujet	Subjekto
Surréalisme	Superrealismo
Symbole	Simbolo
Visuel	Vida

Arts Visuels
Vidaj Artoj

Architecture	Arkitekturo
Argile	Argilo
Artiste	Artisto
Céramique	Ceramiko
Charbon	Karbo
Chef-D'Œuvre	Ĉefverko
Chevalet	Establo
Cire	Vakso
Composition	Komponado
Craie	Kreto
Crayon	Krajono
Créativité	Kreavo
Film	Filmo
Peinture	Pentro
Perspective	Perspektivo
Pochoir	Ŝablona
Portrait	Portreto
Sculpture	Skulptaĵo
Stylo	Plumo
Vernis	Glazuro

Astronomie
Astronomio

Astéroïde	Asteroido
Astronaute	Astronaŭto
Astronome	Astronomo
Ciel	Ĉielo
Constellation	Konstelacio
Cosmos	Kosmo
Éclipse	Eklipso
Équinoxe	Ekvinokso
Fusée	Raketo
Galaxie	Galaksio
Lune	Luno
Météore	Meteoro
Nébuleuse	Nebula
Observatoire	Observatorio
Planète	Planedo
Radiation	Radiado
Solaire	Suna
Supernova	Supernovao
Terre	Tero
Univers	Universo

Aventure
Aventuro

Activité	Aktiveco
Amis	Amikoj
Beauté	Beleco
Bravoure	Bravo
Chance	Ŝanco
Dangereux	Danĝera
Destination	Destino
Difficulté	Dificulto
Enthousiasme	Entuziasmo
Excursion	Ekskurso
Inhabituel	Nekutima
Itinéraire	Itinero
Joie	Ĝojo
Nature	Naturo
Navigation	Navigado
Nouveau	Nova
Préparation	Preparo
Sécurité	Sekureco
Voyages	Vojaĝoj

Avions
Aviadiloj

Air	Aero
Altitude	Alteco
Atmosphère	Atmosfero
Atterrissage	Surteriĝo
Aventure	Aventuro
Ballon	Balono
Carburant	Fuelo
Ciel	Ĉielo
Construction	Konstruo
Descente	Deveno
Direction	Direkto
Équipage	Skipo
Gonfler	Ŝveligas
Hauteur	Alto
Histoire	Historio
Hydrogène	Hidrogeno
Moteur	Motoro
Passager	Pasaĝero
Pilote	Piloto
Turbulence	Turbuleco

Ballet
Baleto

Applaudissement	Aplaŭdoj
Artistique	Arta
Chorégraphie	Koregrafio
Compétence	Lerto
Compositeur	Komponisto
Danseurs	Dancistoj
Expressif	Esprima
Geste	Gesto
Gracieux	Gracia
Intensité	Intenseco
Muscles	Muskoloj
Musique	Muziko
Orchestre	Orkestro
Pratique	Praktiko
Public	Spektantaro
Répétition	Provo
Rythme	Ritmo
Style	Stilo
Technique	Tekniko

Barbecues
Rostokradoj

Chaud	Varma
Couteaux	Tranĉiloj
Déjeuner	Tagmanĝo
Dîner	Vespermanĝo
Enfants	Infanoj
Été	Somero
Faim	Malsato
Famille	Familio
Fruit	Frukto
Gril	Grilo
Jeux	Ludoj
Légumes	Legomoj
Musique	Muziko
Oignons	Cepoj
Poivre	Pipro
Poulet	Kokido
Salades	Saladoj
Sauce	Saŭco
Sel	Salo
Tomates	Tomatoj

Bateaux
Boatoj

Ancre	Ankro
Bouée	Buo
Canoë	Kanuo
Corde	Ŝnuro
Équipage	Skipo
Ferry	Primo
Fleuve	Rivero
Kayak	Kajako
Lac	Lago
Marin	Maristo
Maritime	Mare
Mât	Masto
Mer	Maro
Moteur	Motoro
Nautique	Naŭtika
Océan	Oceano
Radeau	Floso
Vagues	Ondoj
Voilier	Velŝipo
Yacht	Jaĉto

Bâtiments
Konstruaĵoj

Ambassade	Ambasado
Appartement	Apartamento
Cabine	Kabano
Château	Kastelo
Cinéma	Kino
École	Lernejo
Garage	Garaĝo
Grange	Grenejo
Hôpital	Hospitalo
Hôtel	Hotelo
Laboratoire	Laboratorio
Musée	Muzeo
Observatoire	Observatorio
Stade	Stadio
Supermarché	Superbazaro
Tente	Tendo
Théâtre	Teatro
Tour	Turo
Université	Universitato
Usine	Uzino

Beauté
Beleco

Boucles	Bukloj
Charme	Ĉarmo
Ciseaux	Tondilo
Cosmétique	Kosmetikoj
Couleur	Koloro
Élégance	Eleganteco
Élégant	Eleganta
Grâce	Grace
Lisse	Glata
Maquillage	Konsisto
Mascara	Mascara
Miroir	Spegulo
Parfum	Parfumo
Peau	# ha? To
Photogénique	Fotogénico
Produits	Produtoj
Services	Servoj
Shampooing	Ŝampuo
Styliste	Stilisto

Boxe
Boksado

Adversaire	Kontraŭulo
Cloche	Sonorilo
Coin	Angulo
Combattant	Batalanto
Compétence	Lerto
Concentrer	Fokuso
Cordes	Ŝnuroj
Corps	Korpo
Coude	Kubuto
Coup	Piedbato
Épuisé	Elĉerpita
Force	Forto
Gants	Gantoj
Menton	Mentono
Poing	Pugno
Points	Punktoj
Rapide	Rapide
Récupération	Retrovo

Camping
Tendumado

Animaux	Bestoj
Aventure	Aventuro
Boussole	Kompaso
Cabine	Kabano
Canoë	Kanuo
Carte	Mapo
Chapeau	Ĉapelo
Chasse	Ĉasado
Corde	Ŝnuro
Équipement	Ekipaĵo
Feu	Fajro
Forêt	Arbaro
Hamac	Hamako
Insecte	Insekto
Lac	Lago
Lanterne	Lanterno
Lune	Luno
Montagne	Monto
Nature	Naturo
Tente	Tendo

Chats
Katoj

Chasseur	Ĉasisto
Curieux	Kurioza
Dormir	Dormi
Drôle	Amuza
Espiègle	Ludema
Fil	Teksaĵo
Fou	Freneza
Fourrure	Felto
Griffe	Ungego
Indépendant	Sendependa
Patte	Paw
Personnalité	Personeco
Peu	Eta
Queue	Vosto
Rapide	Rapide
Sauvage	Sovaĝa
Souris	Muso
Timide	Timita

Chimie
Kemio

Acide	Acido
Alcalin	Alkala
Atomique	Atoma
Carbone	Karbono
Catalyseur	Katalizilo
Chaleur	Varmo
Chlore	Kloro
Enzyme	Enzimo
Électron	Elektrono
Gaz	Gazo
Hydrogène	Hidrogeno
Ion	Jono
Liquide	Likva
Métaux	Metaloj
Molécule	Molekulo
Nucléaire	Nuklea
Oxygène	Oksigeno
Poids	Pezo
Sel	Salo
Température	Temperaturo

Chocolat
Ĉokolado

Amer	Amara
Antioxydant	Antioxidanto
Arôme	Aromo
Cacahuètes	Arakidoj
Cacao	Kakao
Calories	Kalorioj
Caramel	Karamelo
Délicieux	Bonaj
Doux	Dolĉa
Exotique	Ekzota
Favori	Ŝatata
Goût	Gusto
Ingrédient	Ingredienco
Noix de Coco	Kokoso
Poudre	Pulvoro
Qualité	Kvalito
Recette	Recepto
Sucre	Sukero

Cirque
Cirko

Acrobate	Akrobato
Animaux	Bestoj
Astuce	Ruzo
Ballons	Balonoj
Billet	Bileto
Clown	Pajaco
Costume	Kostumo
Divertir	Amuzi
Éléphant	Elefanto
Jongleur	Jognisto
Lion	Leono
Magicien	Mago
Magie	Magio
Montrer	Montro
Musique	Muziko
Parade	Parado
Singe	Simio
Spectateur	Spektanto
Tente	Tendo
Tigre	Tigro

Conduite
Veturado

Accident	Akcidento
Camion	Kamiono
Carburant	Fuelo
Carte	Mapo
Danger	Danĝero
Freins	Bremsoj
Garage	Garaĝo
Gaz	Gazo
Licence	Permesilo
Moteur	Motoro
Moto	Motorciklo
Piéton	Piediranto
Police	Polico
Route	Vojo
Sécurité	Sekureco
Trafic	Trafiko
Transport	Transportado
Tunnel	Tunelo
Vitesse	Rapido
Voiture	Aŭto

Corps Humain
Homa Korpo

Bouche	Buŝo
Cerveau	Cerbo
Cheville	Maleolo
Cou	Kolo
Coude	Kubuto
Cœur	Koro
Doigt	Fingro
Estomac	Stomako
Épaule	Ŝultro
Genou	Genuo
Lèvres	Lipoj
Main	Mano
Mâchoire	Makzelo
Menton	Mentono
Nez	Nazo
Oreille	Orelo
Peau	# ha? To
Sang	Sango
Tête	Kapo
Visage	Vizaĝo

Créativité
Kreivo

Artistique	Arta
Authenticité	Aŭtentikeco
Clarté	Klareco
Compétence	Lerto
Dramatique	Draman
Expression	Esprimo
Émotions	Emocioj
Fluidité	Flueco
Idées	Ideoj
Image	Bildo
Imagination	Imagpovo
Impression	Impreso
Inspiration	Inspiro
Intensité	Intenseco
Intuition	Intuicio
Inventif	Inventa
Sensation	Sento
Spontané	Spontanea
Visions	Vizioj
Vitalité	Vigleco

Cuisine
Kuirejo

Baguettes	Chopsticks
Bol	Bovlo
Bouilloire	Kaldrono
Congélateur	Frostujo
Couteaux	Tranĉiloj
Cruche	Kruĉo
Cuillères	Kuleroj
Épices	Specoj
Éponge	Spongo
Four	Forno
Fourchettes	Forkoj
Gril	Grilo
Louche	Ĉerpilo
Nourriture	Manĝo
Pot	Vazo
Recette	Recepto
Réfrigérateur	Fridujo
Serviette	Buŝtuko
Tablier	Antaŭtuko
Tasses	Tasoj

Danse
Danco

Académie	Akademio
Art	Arto
Chorégraphie	Koregrafio
Classique	Klasika
Corps	Korpo
Culture	Kulturo
Culturel	Kultura
Expressif	Esprima
Émotion	Emocio
Grâce	Grace
Joyeux	Ĝoja
Mouvement	Movado
Musique	Muziko
Partenaire	Partnero
Posture	Sinteno
Répétition	Provo
Rythme	Ritmo
Traditionnel	Tradicia
Visuel	Vida

Diplomatie
Diplomatio

Ambassade	Ambasado
Ambassadeur	Ambasadoro
Citoyens	Civitanoj
Communauté	Komunumo
Conflit	Konflikto
Conseiller	Konsilanto
Coopération	Kunlaboro
Diplomatique	Diplomatia
Discussion	Diskuto
Éthique	Etiko
Étranger	Fremda
Gouvernement	Registaro
Humanitaire	Humanitaro
Intégrité	Integreco
Justice	Justeco
Politique	Politiko
Résolution	Rezolucio
Sécurité	Sekureco
Solution	Solvo
Traité	Traktato

Disciplines Scientifiques
Sciencaj Disciplinoj

Anatomie	Anatomio
Archéologie	Arkeologio
Astronomie	Astronomio
Biochimie	Biokemio
Biologie	Biologio
Botanique	Botaniko
Chimie	Kemio
Écologie	Ekologio
Géologie	Geologio
Immunologie	Imunologio
Linguistique	Lingvistiko
Mécanique	Mekaniko
Météorologie	Meteologio
Minéralogie	Mineralogio
Neurologie	Neurologio
Physiologie	Fiziologio
Psychologie	Psikologio
Sociologie	Sociologio
Thermodynamiq ue	Termodinamiko
Zoologie	Zoologio

Entreprise
Komerco

Argent	Mono
Boutique	Butiko
Budget	Buĝeto
Bureau	Oficejo
Carrière	Kariero
Coût	Kosto
Devise	Valuto
Employeur	Dunganto
Employé	Dungito
Entreprise	Firmao
Économie	Ekonomio
Finance	Financo
Impôts	Impostoj
Investissement	Investo
Marchandise	Varo
Profit	Profito
Revenu	Enspezo
Réduction	Rabato
Usine	Uzino
Vente	Vendo

Escalade
Grimpado

Altitude	Alteco
Atmosphère	Atmosfero
Blessure	Vundo
Bottes	Botoj
Carte	Mapo
Casque	Kasko
Curiosité	Scivolemo
Expert	Sperta
Étroit	Mallarĝa
Force	Forto
Formation	Trejnado
Gants	Gantoj
Grotte	Kaverno
Guides	Gvidiloj
Physique	Fizika
Randonnée	Altiganta
Stabilité	Stabileco
Terrain	Tereno

Écologie
Ekologio

Bénévoles	Volontuloj
Climat	Klimato
Communautés	Komunumoj
Diversité	Diverseco
Durable	Daŭrigebla
Espèce	Specio
Faune	Faŭno
Flore	Flora
Habitat	Habitato
Marais	Marĉo
Marin	Mara
Montagnes	Montoj
Nature	Naturo
Naturel	Natura
Plantes	Plantoj
Ressources	Rimedoj
Sécheresse	Sekeco
Survie	Supervivo
Variété	Vario
Végétation	Vegetaĵaro

Électricité
Elektro

Aimant	Magneto
Ampoule	Bulbo
Batterie	Baterio
Câble	Kablo
Électricien	Elektristo
Électrique	Elektro
Équipement	Ekipaĵo
Fils	Dratoj
Générateur	Generatoro
Lampe	Lampo
Laser	Lasero
Négatif	Negativo
Objets	Celoj
Positif	Pozitiva
Prise	Ingo
Quantité	Kvanto
Réseau	Reto
Stockage	Stokado
Téléphone	Telefono
Télévision	Televido

Énergie
Energio

Batterie	Baterio
Carbone	Karbono
Carburant	Fuelo
Chaleur	Varmo
Diesel	Dezelo
Entropie	Entropio
Environnement	Medio
Essence	Benzino
Électrique	Elektro
Électron	Elektrono
Hydrogène	Hidrogeno
Industrie	Industrio
Moteur	Motoro
Nucléaire	Nuklea
Photon	Fotono
Pollution	Poluo
Renouvelable	Renovigebla
Soleil	Suno
Turbine	Turbino
Vent	Vento

Épices
Spicoj

Aigre	Acida
Ail	Ajlo
Amer	Amara
Anis	Anizo
Cannelle	Cinamo
Cardamome	Cardamom
Coriandre	Koriandro
Cumin	Kumino
Curry	Curry
Fenouil	Fenkolo
Fenugrec	Fenugroko
Gingembre	Zingibro
Muscade	Nutmeg
Oignon	Cepo
Poivre	Pipro
Réglisse	Glikorico
Safran	Safrano
Saveur	Gusto
Sel	Salo
Vanille	Vanilo

Éthique
Etiko

Altruisme	Altruismo
Compassion	Kompato
Coopération	Kunlaboro
Dignité	Digno
Diplomatique	Diplomatia
Honnêteté	Honesteco
Humanité	Homaro
Individualisme	Individuismo
Intégrité	Integreco
Optimisme	Optimismo
Patience	Pacienco
Philosophie	Filozofio
Raisonnable	Akceptebla
Rationalité	Racieco
Respectueux	Respekta
Réalisme	Realismo
Sagesse	Saĝo
Tolérance	Toleremo
Valeurs	Valoroj

Famille
Familio

Ancêtre	Prapatro
Cousin	Kuzo
Enfance	Infanaĝo
Enfant	Infano
Enfants	Infanoj
Femme	Edzino
Fille	Filino
Frère	Frato
Grand-Mère	Avino
Grand-Père	Avo
Mari	Edzo
Maternel	Patrina
Mère	Patrino
Neveu	Nevo
Nièce	Nevino
Oncle	Onklo
Paternel	Patra
Père	Patro
Soeur	Fratino
Tante	Onklino

Ferme #1
Bieno #1

Abeille	Abelo
Agriculture	Agrikulturo
Âne	Azeno
Champ	Kampo
Chat	Kato
Cheval	Ĉevalo
Chèvre	Kapro
Chien	Hundo
Clôture	Barilo
Cochon	Porko
Corbeau	Korvo
Eau	Akvo
Engrais	Sterko
Foin	Fojno
Miel	Mielo
Poulet	Kokido
Riz	Rizo
Troupeau	Grego
Vache	Bovino
Veau	Bovido

Ferme #2
Bieno #2

Agneau	Ŝafido
Agriculteur	Kulturo
Animaux	Bestoj
Blé	Tritiko
Canard	Anaso
Fruit	Frukto
Grange	Grenejo
Irrigation	Irigado
Lait	Lakto
Lama	Lamo
Légume	Legomo
Maïs	Maizo
Mouton	Ŝafo
Mûr	Matura
Nourriture	Manĝo
Oies	Anseroj
Orge	Hordeo
Pré	Herbejo
Tracteur	Tractor

Force et Gravité
Forto kaj Gravito

Axe	Akso
Centre	Centro
Découverte	Elkovo
Distance	Distanco
Dynamique	Dinamika
Expansion	Expanso
Friction	Frotado
Impact	Efiko
Magnétisme	Magnetismo
Mécanique	Mekaniko
Mouvement	Movo
Orbite	Orbito
Physique	Fiziko
Planètes	Planedoj
Poids	Pezo
Pression	Premo
Propriétés	Propraĵoj
Temps	Tempo
Universel	Universala
Vitesse	Rapido

Forêt Tropicale
Pluvarbaro

Amphibiens	Amfibioj
Botanique	Botaniko
Climat	Klimato
Communauté	Komunumo
Diversité	Diverseco
Espèce	Specio
Indigène	Indiĝena
Insectes	Insektoj
Jungle	Ĝangalo
Mammifères	Mamuloj
Mousse	Musko
Nature	Naturo
Nuage	Nuboj
Oiseaux	Birdoj
Précieux	Valora
Préservation	Konservado
Refuge	Rifuĝo
Respect	Respekto
Restauration	Restaro
Survie	Supervivo

Formes
Formoj

Arc	Arko
Bords	Randoj
Carré	Kvadrato
Cercle	Cirklo
Coin	Angulo
Courbe	Kurbo
Cône	Konuso
Côté	Flanko
Cube	Kubo
Cylindre	Cilindro
Ellipse	Elipso
Hyperbole	Hiperbolo
Ligne	Linio
Ovale	Ovala
Polygone	Poligono
Prisme	Prismo
Pyramide	Piramido
Rectangle	Rectangulo
Sphère	Sfero
Triangle	Triangulo

Fournitures d'Art
Arto Provizoj

Acrylique	Akriliko
Aquarelles	Akvareloj
Argile	Argilo
Brosses	Brosoj
Caméra	Fotilo
Chaise	Seĝo
Charbon	Karbo
Chevalet	Establo
Colle	Gluo
Couleurs	Koloroj
Crayons	Krajonoj
Créativité	Kreavo
Eau	Akvo
Encre	Inko
Gomme	Eraser
Huile	Oleo
Idées	Ideoj
Papier	Papero
Pastels	Pasteloj
Table	Tablo

Fruit
Frukto

Abricot	Abrikoto
Ananas	Ananaso
Avocat	Avokado
Baie	Bero
Banane	Banano
Cerise	Ĉerizo
Citron	Citrono
Figue	Figo
Framboise	Frambo
Goyave	Guvavo
Kiwi	Kivo
Mangue	Mango
Melon	Melono
Nectarine	Nektarino
Orange	Oranĝo
Papaye	Papajo
Pêche	Persiko
Poire	Piro
Pomme	Pomo
Raisin	Vinbero

Géographie
Geografio

Altitude	Alteco
Atlas	Atlaso
Carte	Mapo
Continent	Kontinento
Fleuve	Rivero
Hémisphère	Hemisfero
Île	Insulo
Latitude	Latitudo
Mer	Maro
Méridien	Meridiano
Monde	Mondo
Montagne	Monto
Nord	Nordo
Océan	Oceano
Ouest	Okcidento
Pays	Lando
Région	Regiono
Sud	Sudo
Territoire	Teritorio
Ville	Urbo

Géologie
Geologio

Acide	Acido
Calcium	Kalcio
Caverne	Kaverno
Continent	Kontinento
Corail	Koralo
Couche	Tavolo
Cristaux	Kristaloj
Érosion	Erozio
Fossile	Fosilo
Geyser	Gejsero
Lave	Lavo
Minéraux	Mineraloj
Pierre	Ŝtono
Plateau	Altebenaĵo
Quartz	Kvarco
Sel	Salo
Stalactite	Stalaktito
Stalagmites	Stalagmitoj
Volcan	Vulkano
Zone	Zono

Géométrie
Geometrio

Angle	Angulo
Calcul	Kalkulo
Cercle	Cirklo
Courbe	Kurbo
Diamètre	Diametro
Dimension	Dimensio
Équation	Ekvacio
Hauteur	Alto
Logique	Logiko
Masse	Maso
Médian	Mediano
Nombre	Numero
Parallèle	Paralelo
Proportion	Proporcio
Segment	Segmento
Surface	Surfaco
Symétrie	Simetrio
Théorie	Teorio
Triangle	Triangulo
Vertical	Vertikala

Gouvernement
Registaro

Citoyenneté	Civitano
Civil	Civila
Constitution	Konstitucio
Démocratie	Demokratio
Discours	Parolado
Discussion	Diskuto
Droits	Rajtoj
Égalité	Egaleco
État	Stato
Indépendance	Independence
Judiciaire	Juĝaj
Justice	Justeco
Liberté	Libereco
Loi	Leĝo
Monument	Monumento
Nation	Nacio
National	Nacia
Paisible	Paca
Politique	Politiko
Symbole	Simbolo

Herboristerie
Herbalism

Ail	Ajlo
Aromatique	Aromaj
Basilic	Bazilo
Bénéfique	Utila
Culinaire	Kulinara
Estragon	Tarragon
Fenouil	Fenkolo
Fleur	Floro
Ingrédient	Ingredienco
Jardin	Ĝardeno
Lavande	Lavendo
Marjolaine	Marĝoromo
Menthe	Mento
Persil	Petroselo
Qualité	Kvalito
Romarin	Romero
Safran	Safrano
Saveur	Gusto
Thym	Timiano
Vert	Verda

Ingénierie
Inĝenieristiko

Angle	Angulo
Axe	Akso
Calcul	Kalkulo
Construction	Konstruo
Diagramme	Diagramo
Diamètre	Diametro
Diesel	Dezelo
Distribution	Distribuo
Engrenages	Ilaroj
Énergie	Energio
Force	Forto
Leviers	Leviloj
Liquide	Likva
Machine	Maŝino
Mesure	Mezurado
Moteur	Motoro
Profondeur	Profundo
Rotation	Rotacio
Stabilité	Stabileco
Structure	Strukturo

Jardin
Ĝardeno

Arbre	Arbo
Banc	Benko
Buisson	Arbusto
Clôture	Barilo
Étang	Lageto
Fleur	Floro
Garage	Garaĝo
Hamac	Hamako
Herbe	Herbo
Jardin	Ĝardeno
Mauvaises Herbes	Herboj
Pelle	Ŝovelilo
Pelouse	Gazono
Porche	Verando
Râteau	Rasti
Sol	Trulo
Terrasse	Teraso
Trampoline	Trampolino
Tuyau	Hoso

Jardinage
? Ardenado

Botanique	Botaniko
Bouquet	Bukedo
Climat	Klimato
Comestible	Manĝebla
Compost	Komposto
Eau	Akvo
Espèce	Specio
Exotique	Ekzota
Feuillage	Folioj
Feuille	Folio
Fleur	Floro
Floral	Flora
Graines	Semoj
Humidité	Humido
Récipient	Ujo
Saisonnier	Sezona
Saleté	Malpuraĵo
Sol	Trulo
Tuyau	Hoso

Jazz
Ĵazo

Accent	Emfazo
Album	Albumo
Artiste	Artisto
Célèbre	Fama
Chanson	Kanto
Compositeur	Komponisto
Composition	Komponado
Concert	Koncerto
Favoris	Ŝatatoj
Genre	Varo
Improvisation	Improvizo
Musique	Muziko
Nouveau	Nova
Orchestre	Orkestro
Rythme	Ritmo
Style	Stilo
Talent	Talento
Tambours	Tamburoj
Technique	Tekniko
Vieux	Malnova

Jours et Mois
Tagoj kaj Monatoj

Août	Aŭgusto
Avril	Aprilo
Calendrier	Kalendaro
Dimanche	Dimanĉo
Février	Februaro
Janvier	Januaro
Jeudi	Ĵaŭdo
Juillet	Julio
Juin	Junio
Lundi	Lundo
Mardi	Mardo
Mars	Marto
Mercredi	Merkredo
Mois	Monato
Novembre	Novembro
Octobre	Oktobro
Samedi	Sabato
Semaine	Semajno
Septembre	Septembro
Vendredi	Vendredo

L'Entreprise
La Firmao

Affaires	Komerco
Créatif	Krea
Décision	Decido
Emploi	Dungo
Global	Tutmonda
Industrie	Industrio
Innovant	Noviga
Investissement	Investo
Possibilité	Ebleco
Présentation	Prezento
Produit	Produkto
Professionnel	Profesia
Progrès	Progreso
Qualité	Kvalito
Ressources	Rimedoj
Revenu	Enspezo
Réputation	Reputacio
Risques	Riskoj
Tendances	Tendencoj
Unités	Unuoj

Les Abeilles
Abeloj

Ailes	Flugiloj
Bénéfique	Utila
Cire	Vakso
Diversité	Diverseco
Essaim	Svarmo
Écosystème	Ekosistema
Fleur	Floro
Fleurs	Floroj
Fruit	Frukto
Fumée	Fumo
Habitat	Habitato
Insecte	Insekto
Jardin	Ĝardeno
Miel	Mielo
Nourriture	Manĝo
Plantes	Plantoj
Pollen	Poleno
Reine	Reĝino
Ruche	Abelujo
Soleil	Suno

Les Médias
La Amaskomunikilaro

Attitudes	Sintenoj
Commercial	Komerca
Communication	Komuniko
En Ligne	Rete
Édition	Eldono
Éducation	Eduko
Faits	Faktoj
Financement	Financado
Individuel	Individuo
Industrie	Industrio
Intellectuel	Intelekta
Journaux	Gazetoj
Local	Loka
Numérique	Digitalo
Opinion	Opinio
Photos	Fotoj
Public	Publiko
Radio	Radio
Réseau	Reto
Télévision	Televido

Légumes
Legomoj

Ail	Ajlo
Artichaut	Artiŝoko
Aubergine	Melanzo
Brocoli	Brokolo
Carotte	Karoto
Céleri	Celerio
Champignon	Fungo
Citrouille	Kukurbo
Concombre	Kukumo
Échalote	Shallot
Épinard	Spinaco
Gingembre	Zingibro
Navet	Rapo
Oignon	Cepo
Olive	Olivo
Persil	Petroselo
Pois	Pizo
Radis	Rafano
Salade	Salato
Tomate	Tomato

Littérature
Literaturo

Analogie	Analogio
Analyse	Analizo
Anecdote	Anekdoto
Auteur	Aŭtoro
Biographie	Biografio
Comparaison	Komparo
Conclusion	Konkludo
Description	Priskribo
Dialogue	Dialogo
Fiction	Fikcio
Métaphore	Metaforo
Narrateur	Rakontanto
Poème	Poemo
Poétique	Poezia
Rime	Rimo
Roman	Romano
Rythme	Ritmo
Style	Stilo
Thème	Temo
Tragédie	Tragedio

Livres
Libroj

Auteur	Aŭtoro
Aventure	Aventuro
Collection	Kolekto
Contexte	Kunteksto
Dualité	Dueco
Épique	Epopea
Histoire	Rakonto
Historique	Historia
Humoristique	Humura
Inventif	Inventa
Lecteur	Leganto
Littéraire	Literatura
Narrateur	Rakontanto
Page	Paĝo
Pertinent	Relevo
Poème	Poemo
Poésie	Poezio
Roman	Romano
Série	Serio
Tragique	Tragika

Maison
Domo

Balai	Balao
Bibliothèque	Biblioteko
Chambre	Ĉambro
Cheminée	Fajro
Clés	Ŝlosiloj
Clôture	Barilo
Cuisine	Kuirejo
Douche	Duŝo
Fenêtre	Fenestro
Garage	Garaĝo
Grenier	Subtegmento
Jardin	Ĝardeno
Lampe	Lampo
Miroir	Spegulo
Mur	Muro
Plafond	Plafono
Porte	Pordo
Rideaux	Kurtenoj
Tapis	Tapiŝo
Toit	Tegmento

Mammifères
Mamuloj

Baleine	Baleno
Chat	Kato
Cheval	Ĉevalo
Chien	Hundo
Coyote	Kojoto
Dauphin	Delfeno
Éléphant	Elefanto
Girafe	Ĝirafo
Gorille	Gorilo
Kangourou	Kanguruo
Lapin	Kuniklo
Lion	Leono
Loup	Lupo
Mouton	Ŝafo
Ours	Urso
Renard	Vulpo
Singe	Simio
Taureau	Virbovo
Tigre	Tigro
Zèbre	Zebro

Mathématiques
Matematiko

Angles	Anguloj
Arithmétique	Aritmetiko
Carré	Kvadrato
Circonférence	Cirkonferenco
Décimal	Decimala
Diamètre	Diametro
Exposant	Eksponento
Équation	Ekvacio
Fraction	Frakcio
Géométrie	Geometrio
Parallèle	Paralelo
Parallélogramme	Paralelogramo
Perpendiculaire	Perpendikula
Périmètre	Perimetro
Polygone	Poligono
Rectangle	Rectangulo
Somme	Sumo
Symétrie	Simetrio
Triangle	Triangulo
Volume	Volumo

Mesures
Mezuradoj

Centimètre	Centimetro
Degré	Grado
Décimal	Decimala
Gramme	Gramo
Hauteur	Alto
Kilogramme	Kilogramo
Kilomètre	Kilometro
Largeur	Larĝo
Litre	Litro
Longueur	Longo
Masse	Maso
Mètre	Metro
Minute	Minuto
Octet	Bajto
Once	Unco
Poids	Pezo
Pouce	Colo
Profondeur	Profundo
Tonne	Tuno
Volume	Volumo

Méditation
Meditado

Acceptation	Akcepto
Attention	Atentu
Calme	Trankvile
Clarté	Klareco
Compassion	Kompato
Esprit	Menso
Émotions	Emocioj
Éveillé	Maldorma
Gratitude	Dankon
Habitudes	Kutimoj
Mental	Menta
Mouvement	Movado
Musique	Muziko
Nature	Naturo
Observation	Observo
Paix	Paco
Perspective	Perspektivo
Posture	Sinteno
Respiration	Spirado
Silence	Silento

Météo
Vetero

Arc-En-Ciel	Ĉielarko
Atmosphère	Atmosfero
Brouillard	Nebulo
Calme	Trankvile
Ciel	Ĉielo
Climat	Klimato
Glace	Glacio
Humide	Humida
Inondation	Inundo
Nuage	Nubo
Ouragan	Uragano
Polaire	Polusa
Sec	Seka
Sécheresse	Sekeco
Température	Temperaturo
Tempête	Ŝtormo
Tonnerre	Tondro
Tornade	Tornado
Tropical	Tropika
Vent	Vento

Mode
Modo

Boutique	Boutique
Boutons	Butonoj
Broderie	Bromado
Cher	Kosta
Confortable	Komforta
Dentelle	Punto
Élégant	Eleganta
Mesures	Mezurado
Minimaliste	Minimalista
Moderne	Moderna
Modeste	Modesta
Modèle	Skemo
Original	Originala
Pratique	Praktika
Simple	Simpla
Style	Stilo
Tendance	Tendenco
Texture	Teksturo
Tissu	Tifo
Vêtements	Vesto

Musique
Muziko

Album	Albumo
Ballade	Balado
Chanter	Kantu
Chanteur	Kantisto
Classique	Klasika
Enregistrement	Registro
Harmonie	Harmonio
Harmonique	Harmoniko
Instrument	Instrumento
Lyrique	Liriko
Mélodie	Melodio
Microphone	Mikrofono
Musical	Muzika
Musicien	Muzikisto
Opéra	Opero
Poétique	Poezia
Rythme	Ritmo
Rythmique	Ritma
Tempo	Takto
Vocal	Voĉo

Mythologie
Mitologio

Archétype	Arketipo
Catastrophe	Katastrofo
Comportement	Konduto
Création	Kreo
Créature	Besto
Croyances	Kredoj
Culture	Kulturo
Éclair	Fulmo
Force	Forto
Guerrier	Milito
Héros	Heroo
Immortalité	Senmorteco
Jalousie	Ĵaluzo
Labyrinthe	Labirinto
Légende	Legendo
Magique	Magia
Monstre	Monstro
Mortel	Morta
Tonnerre	Tondro
Vengeance	Venĝo

Nature
Naturo

Abeilles	Abeloj
Animaux	Bestoj
Arctique	Arkto
Beauté	Beleco
Brouillard	Nebulo
Désert	Dezerto
Dynamique	Dinamika
Érosion	Erozio
Feuillage	Folioj
Fleuve	Rivero
Forêt	Arbaro
Glacier	Glacero
Montagnes	Montoj
Nuage	Nuboj
Paisible	Paca
Sanctuaire	Rifuĝo
Sauvage	Sovaĝa
Serein	Serena
Tropical	Tropika
Vital	Nemalhavebla

Nombres
Nombroj

Cinq	Kvin
Deux	Du
Décimal	Decimala
Dix	Dek
Dix-Huit	Dek Ok
Dix-Neuf	Dek Naŭ
Dix-Sept	Dek Sep
Douze	Dek Du
Huit	Ok
Neuf	Naŭ
Quatorze	Dek Kvar
Quatre	Kvar
Quinze	Dek Kvin
Seize	Dek Ses
Sept	Sep
Six	Ses
Treize	Dek Tri
Trois	Tri
Vingt	Dudek
Zéro	Nul

Nourriture #1
Manĝaĵo Numero 1

Ail	Ajlo
Basilic	Bazilo
Café	Kafo
Cannelle	Cinamo
Carotte	Karoto
Citron	Citrono
Épinard	Spinaco
Fraise	Frago
Jus	Suko
Lait	Lakto
Navet	Rapo
Oignon	Cepo
Orge	Hordeo
Poire	Piro
Salade	Salato
Sel	Salo
Soupe	Supo
Sucre	Sukero
Thon	Tinuso
Viande	Viando

Nourriture #2
Manĝaĵo #2

Amande	Migdalo
Aubergine	Melanzo
Banane	Banano
Blé	Tritiko
Brocoli	Brokolo
Cerise	Ĉerizo
Céleri	Celerio
Champignon	Fungo
Chocolat	Ĉokolado
Jambon	Ŝinko
Kiwi	Kivo
Mangue	Mango
Oeuf	Ovo
Pain	Pano
Poisson	Fiŝo
Pomme	Pomo
Poulet	Kokido
Raisin	Vinbero
Riz	Rizo
Tomate	Tomato

Nutrition
Nutrado

Amer	Amara
Appétit	Apetito
Calories	Kalorioj
Comestible	Manĝebla
Diète	Dieto
Digestion	Digesto
Épices	Specoj
Équilibré	Ekvilibra
Fermentation	Fermentado
Ingrédients	Ingredientej
Liquides	Likvaĵoj
Poids	Pezo
Protéines	Proteinoj
Qualité	Kvalito
Sain	Sana
Santé	Sano
Sauce	Saŭco
Saveur	Gusto
Toxine	Toksino
Vitamine	Vitamino

Océan
Oceano

Algue	Algo
Anguille	Angilo
Baleine	Baleno
Bateau	Boato
Corail	Koralo
Crabe	Krabo
Crevette	Salikoko
Dauphin	Delfeno
Éponge	Spongo
Huître	Ostro
Méduse	Meduzoj
Poisson	Fiŝo
Poulpe	Polpo
Requin	Ŝarko
Récif	Rifo
Sel	Salo
Tempête	Ŝtormo
Thon	Tinuso
Tortue	Testudo
Vagues	Ondoj

Oiseaux
Birdoj

Aigle	Aglo
Autruche	Struto
Canard	Anaso
Cigogne	Cikonio
Colombe	Kolombo
Corbeau	Korvo
Coucou	Kukolo
Cygne	Cigno
Flamant	Flamingo
Héron	Ardeo
Manchot	Pingveno
Moineau	Pasero
Mouette	Mevo
Oeuf	Ovo
Oie	Ansero
Paon	Pavo
Perroquet	Papago
Pélican	Pelikano
Poulet	Kokido
Toucan	Toucan

Pays #1
Landoj #1

Afghanistan	Afganio
Allemagne	Germanio
Argentine	Argentino
Brésil	Brazilo
Canada	Kanado
Espagne	Hispanio
Équateur	Ekvadoro
Finlande	Finnlando
Inde	Barato
Israël	Israelo
Libye	Libio
Mali	Malio
Maroc	Maroko
Nicaragua	Nikaragvo
Norvège	Norvegio
Panama	Panamo
Philippines	Filipinoj
Pologne	Pollando
Roumanie	Rumanio
Venezuela	Venezuelo

Pays #2
Landoj #2

Albanie	Albanio
Chine	Ĉinio
Danemark	Danio
France	Francio
Haïti	Haitio
Indonésie	Indonezio
Irlande	Irlando
Jamaïque	Jamajko
Japon	Japanio
Kenya	Kenjo
Laos	Laoso
Liban	Libano
Mexique	Meksiko
Ouganda	Ugando
Pakistan	Pakistano
Russie	Rusio
Somalie	Somalio
Soudan	Sudano
Syrie	Sirio
Ukraine	Ukrainio

Paysages
Pejzaĝoj

Cascade	Akvofalo
Désert	Dezerto
Fleuve	Rivero
Geyser	Gejsero
Glacier	Glacero
Golfe	Golfo
Grotte	Kaverno
Iceberg	Glacebergo
Île	Insulo
Lac	Lago
Marais	Marĉo
Mer	Maro
Montagne	Monto
Oasis	Oazo
Océan	Oceano
Péninsule	Peninsulo
Plage	Plaĝo
Toundra	Tundro
Vallée	Valo
Volcan	Vulkano

Philanthropie
Filantropio

Besoin	Devas
Buts	Celoj
Charité	Bonfarado
Communauté	Komunumo
Contacts	Kontaktoj
Enfants	Infanoj
Finance	Financo
Fonds	Fundoj
Gens	Homoj
Générosité	Malavareco
Global	Tutmonda
Groupes	Grupoj
Histoire	Historio
Honnêteté	Honesteco
Humanité	Homaro
Jeunesse	Junulo
Mission	Misio
Programmes	Programoj
Public	Publiko

Physique
Fiziko

Accélération	Akcelo
Atome	Atomo
Chaos	Kaoso
Chimique	Kemiko
Densité	Denso
Électron	Elektrono
Formule	Formulo
Fréquence	Frekvenco
Gaz	Gazo
Gravité	Gravito
Magnétisme	Magnetismo
Masse	Maso
Mécanique	Mekaniko
Molécule	Molekulo
Moteur	Motoro
Nucléaire	Nuklea
Particule	Partiklo
Relativité	Relativeco
Universel	Universala
Vitesse	Rapido

Plantes
Plantoj

Arbre	Arbo
Baie	Bero
Bambou	Bambuo
Botanique	Botaniko
Buisson	Arbusto
Cactus	Kakto
Engrais	Sterko
Feuillage	Folioj
Fleur	Floro
Flore	Flora
Forêt	Arbaro
Grandir	Kresku
Haricot	Fabo
Herbe	Herbo
Jardin	Ĝardeno
Lierre	Hedero
Mousse	Musko
Pétale	Petalo
Racine	Radiko
Végétation	Vegetaĵaro

Professions #1
Profesioj #1

Ambassadeur	Ambasadoro
Astronome	Astronomo
Avocat	Advokato
Banquier	Bankisto
Bijoutier	Juvelisto
Cartographe	Kartografo
Chasseur	Ĉasisto
Danseur	Dancisto
Entraîneur	Trejnisto
Éditeur	Redaktoro
Géologue	Geologo
Infirmière	Vartistino
Médecin	Doktoro
Musicien	Muzikisto
Pianiste	Pianisto
Plombier	Plumbisto
Pompier	Fajrofomista
Psychologue	Psikologo
Scientifique	Sciencisto
Vétérinaire	Veterinaro

Professions #2
Profesioj #2

Astronaute	Astronaŭto
Bibliothécaire	Bibliotecario
Biologiste	Biologo
Chercheur	Esploristo
Chirurgien	Kirurgo
Dentiste	Dentisto
Détective	Detektivo
Enseignant	Instruisto
Illustrateur	Ilustristo
Ingénieur	Inĝeniero
Inventeur	Inventinto
Jardinier	Ĝardenisto
Journaliste	Ĵurnalisto
Linguiste	Lingvisto
Médecin	Kuracisto
Peintre	Pentristo
Philosophe	Filozofo
Photographe	Fotisto
Pilote	Piloto
Zoologiste	Zoologo

Psychologie
Psikologio

Clinique	Klinika
Comportement	Konduto
Conflit	Konflikto
Ego	Egoismo
Enfance	Infanaĝo
Expériences	Spertoj
Émotions	Emocioj
Évaluation	Takso
Idées	Ideoj
Inconscient	Senkonscia
Pensées	Pensoj
Perception	Percepto
Personnalité	Personeco
Problème	Problemo
Rendez-Vous	Nomumo
Réalité	Realo
Rêves	Sonĝoj
Sensation	Sento
Subconscient	Subkonscia
Thérapie	Terapio

Randonnée
Altiganta

Animaux	Bestoj
Bottes	Botoj
Camping	Tendumado
Carte	Mapo
Climat	Klimato
Eau	Akvo
Falaise	Klifo
Fatigué	Laca
Guides	Gvidiloj
Lourd	Peza
Météo	Vetero
Montagne	Monto
Nature	Naturo
Orientation	Orientiĝo
Parcs	Parkoj
Pierres	Ŝtonoj
Préparation	Preparo
Sauvage	Sovaĝa
Soleil	Suno
Sommet	Punto

Restaurant #2
Restoracio #2

Boisson	Trinkaĵo
Chaise	Seĝo
Cuillère	Kulero
Déjeuner	Tagmanĝo
Délicieux	Bonaj
Dîner	Vespermanĝo
Eau	Akvo
Épices	Specoj
Fourchette	Forko
Fruit	Frukto
Gâteau	Kuko
Glace	Glacio
Légumes	Legomoj
Oeuf	Ovoj
Poisson	Fiŝo
Salade	Salato
Sel	Salo
Serveur	Kelnero
Soupe	Supo

Santé et Bien-Être #1
Sano kaj Wellness #1

Actif	Aktiva
Bactéries	Bakterioj
Blessure	Vundo
Clinique	Kliniko
Faim	Malsato
Fracture	Frakturo
Habitude	Kutimo
Hauteur	Alto
Hormone	Hormonoj
Médecin	Doktoro
Médicament	Medicino
Muscles	Muskoloj
Os	Ostoj
Peau	# ha? To
Pharmacie	Apoteko
Posture	Sinteno
Réflexe	Reflekso
Thérapie	Terapio
Traitement	Traktado
Virus	Viruso

Santé et Bien-Être #2
Sano kaj Wellness #2

Allergie	Alergio
Anatomie	Anatomio
Appétit	Apetito
Calorie	Kalorio
Corps	Korpo
Déshydratation	# Senakvi? O
Énergie	Energio
Génétique	Genetiko
Hôpital	Hospitalo
Hygiène	Higieno
Infection	Infekto
Maladie	Malsano
Massage	Masaĝo
Nutrition	Nutrado
Poids	Pezo
Récupération	Retrovo
Sain	Sana
Sang	Sango
Stress	Streĉo
Vitamine	Vitamino

Science
Scienco

Atome	Atomo
Chimique	Kemiko
Climat	Klimato
Données	Datumo
Expérience	Eksperimento
Évolution	Evoluo
Fait	Fakto
Fossile	Fosilo
Gravité	Gravito
Hypothèse	Hipotezo
Laboratoire	Laboratorio
Méthode	Metodo
Minéraux	Mineraloj
Molécules	Molekuloj
Nature	Naturo
Observation	Observo
Organisme	Organismo
Particules	Eroj
Physique	Fiziko
Scientifique	Sciencisto

Science-Fiction
Sciencfikcio

Atomique	Atoma
Cinéma	Kino
Explosion	Eksplodo
Extrême	Ekstrema
Fantastique	Mirinda
Feu	Fajro
Futuriste	Futurista
Galaxie	Galaksio
Illusion	Iluzio
Imaginaire	Imaga
Livres	Libroj
Monde	Mondo
Mystérieux	Mistera
Oracle	Orakolo
Planète	Planedo
Réaliste	Realismo
Robots	Robotoj
Scénario	Sceno
Technologie	Teknologio
Utopie	Utopio

Temps
Tempo

Annuel	Jaro
Après	Post
Aujourd'Hui	Hodiaŭ
Avant	Antaŭ
Bientôt	Baldaŭ
Calendrier	Kalendaro
Décennie	Jardeko
Futur	Estonteco
Heure	Hora
Hier	Hieraŭ
Horloge	Horloĝo
Jour	Tago
Maintenant	Nun
Matin	Mateno
Midi	Tagmezo
Minute	Minuto
Mois	Monato
Nuit	Nokto
Semaine	Semajno
Siècle	Jarcento

Types de Cheveux
Haraj Tipoj

Argent	Arĝento
Blanc	Blanka
Blond	Blonda
Boucles	Bukloj
Brillant	Brila
Chauve	Kalva
Coloré	Koloraj
Court	Mallonga
Doux	Mola
Épais	Dika
Frisé	Bukla
Gris	Griza
Long	Longa
Marron	Bruna
Mince	Maldika
Noir	Nigra
Sain	Sana
Sec	Seka
Tresses	Plektaĵoj
Tressé	Braided

Univers
Universo

Astéroïde	Asteroido
Astronome	Astronomo
Astronomie	Astronomio
Atmosphère	Atmosfero
Céleste	Ĉiela
Ciel	Ĉielo
Cosmique	Kosma
Équateur	Ekvatoro
Galaxie	Galaksio
Hémisphère	Hemisfero
Horizon	Horizonto
Latitude	Latitudo
Lune	Luno
Obscurité	Mallumo
Orbite	Orbito
Solaire	Suna
Solstice	Solstico
Télescope	Teleskopo
Visible	Videble
Zodiaque	Zodiako

Vacances #2
Ferio #2

Aéroport	Flughaveno
Camping	Tendumado
Carte	Mapo
Destination	Destino
Étranger	Fremda
Hôtel	Hotelo
Île	Insulo
Loisir	Libertempo
Mer	Maro
Passeport	Pasporto
Photos	Fotoj
Plage	Plaĝo
Restaurant	Restoracio
Taxi	Taksio
Tente	Tendo
Train	Trajno
Transport	Transportado
Vacances	Ferio
Visa	Viza
Voyage	Vojaĝo

Véhicules
Veturiloj

Ambulance	Ambulanco
Avion	Aviadilo
Bateau	Boato
Bus	Buso
Camion	Kamiono
Caravane	Karavano
Ferry	Primo
Fusée	Raketo
Hélicoptère	Helikoptero
Métro	Metroo
Moteur	Motoro
Navette	Pramo
Pneus	Pneŭoj
Radeau	Floso
Scooter	Skotero
Sous-Marin	Submarŝipo
Taxi	Taksio
Tracteur	Tractor
Vélo	Biciklo
Voiture	Aŭto

Vêtements
Vestoj

Bijoux	Juveloj
Bracelet	Braceleto
Ceinture	Zono
Chapeau	Ĉapelo
Chaussure	Ŝuo
Chemise	Ĉemizo
Chemisier	Bluzo
Collier	Koliero
Foulard	Skulo
Gants	Gantoj
Jupe	Jupo
Manteau	Mantelo
Mode	Modo
Pantalon	Pantalono
Pull	Seveter
Pyjama	Piĵamo
Robe	Vesto
Sandales	Sandaloj
Tablier	Antaŭtuko
Veste	Jako

Ville
Urbo

Aéroport	Flughaveno
Banque	Banko
Bibliothèque	Biblioteko
Boulangerie	Bakejo
Cinéma	Kino
Clinique	Kliniko
École	Lernejo
Fleuriste	Floristo
Galerie	Galero
Hôtel	Hotelo
Librairie	Librejo
Marché	Merkato
Musée	Muzeo
Pharmacie	Apoteko
Restaurant	Restoracio
Stade	Stadio
Supermarché	Superbazaro
Théâtre	Teatro
Université	Universitato
Zoo	Zoo

Félicitations

Vous avez réussi !

Nous espérons que vous avez apprécié ce livre autant que nous avons pris plaisir à le concevoir. Nous faisons de notre mieux pour créer des livres de la meilleure qualité possible.
Cette édition est conçue pour permettre un apprentissage intelligent et de qualité en se divertissant !

Vous avez aimé ce livre ?

Une Simple Demande

Nos livres existent grâce aux avis que vous publiez. Pourriez-vous nous aider en laissant un avis maintenant ?

Voici un lien rapide qui vous mènera à votre page d'évaluation de vos commandes :

BestBooksActivity.com/Avis50

CHALLENGE FINAL !

Défi n°1

Êtes-vous prêt pour votre jeu bonus ? Nous les utilisons tout le temps mais ils ne sont pas si faciles à trouver. Voici les **Synonymes** !

Notez 5 mots que vous avez trouvés dans les puzzles notés ci-dessous (n°21, n°36, n°76) et essayez de trouver 2 synonymes pour chaque mot.

Notez 5 Mots du **Puzzle 21**

Mots	Synonyme 1	Synonyme 2

Notez 5 Mots du **Puzzle 36**

Mots	Synonyme 1	Synonyme 2

Notez 5 Mots du **Puzzle 76**

Mots	Synonyme 1	Synonyme 2

Défi n°2

Maintenant que vous vous êtes échauffé, notez 5 mots que vous avez découverts dans les Puzzles n° 9, n° 17, n° 25 et essayez de trouver 2 antonymes pour chaque mot. Combien pouvez-vous en trouver en 20 minutes ?

Notez 5 Mots du **Puzzle 9**

Mots	Antonyme 1	Antonyme 2

Notez 5 Mots du **Puzzle 17**

Mots	Antonyme 1	Antonyme 2

Notez 5 Mots du **Puzzle 25**

Mots	Antonyme 1	Antonyme 2

Défi n°3

Formidable ! Ce défi final n'est rien pour vous.

Prêt pour le dernier défi ? Choisissez 10 mots que vous avez découverts parmi les différents puzzles et notez-les ci-dessous.

1.	6.
2.	7.
3.	8.
4.	9.
5.	10.

Maintenant, composez un texte en pensant à une personne, un animal ou un lieu que vous aimez !

Astuce: Vous pouvez utiliser la dernière page de ce livre comme brouillon !

Votre Composition :

CARNET DE NOTES :

À TRÈS BIENTÔT !

Toute l'équipe

DECOUVREZ DES JEUX GRATUITS

GO

BESTACTIVITYBOOKS.COM/FREEGAMES